ÄGYPTOLOGISCHE ABHANDLUNGEN

HERAUSGEGEBEN VON
WOLFGANG HELCK UND EBERHARD OTTO

BAND 26

FRIEDRICH ABITZ

DIE RELIGIÖSE BEDEUTUNG
DER SOGENANNTEN
GRABRÄUBERSCHÄCHTE
IN DEN
ÄGYPTISCHEN KÖNIGSGRÄBERN
DER 18. BIS 20. DYNASTIE

1974

Otto Harrassowitz · Wiesbaden

DIE RELIGIÖSE BEDEUTUNG DER SOGENANNTEN GRABRÄUBERSCHÄCHTE IN DEN ÄGYPTISCHEN KÖNIGSGRÄBERN DER 18. BIS 20. DYNASTIE

VON

FRIEDRICH ABITZ

1974

Otto Harrassowitz · Wiesbaden

Alle Rechte vorbehalten
© Otto Harrassowitz, Wiesbaden 1974
Kreuzberger Ring 7c-d, 65205 Wiesbaden,
produktsicherheit.verlag@harrassowitz.de
Photographische und photomechanische Wiedergabe
nur mit ausdrücklicher Genehmigung des Verlages

Printed in Germany
ISBN 978-3-447-01549-3

INHALTSVERZEICHNIS

Vorwort 7

I. EINLEITUNG
   1. Aufgabenstellung 9
   2. Untersuchungsmethode 9
   3. Umfang der Untersuchung 10
   4. Die bisherige Auffassung über die Bedeutung des Schachtes . . . 11

II. ERGEBNIS DER BAUFORSCHUNG
   1. Raumart und Raumfolge der Grabanlagen 14
   2. Der Schacht und seine Nebenräume 20
   3. Der Verschluß des Schachtraumes (E) 28
   4. Die Blockierung der drei Eingangskorridore 41
   5. Materialanalysen 45
   6. Zusammenfassung 47

III. UNTERSUCHUNGSERGEBNIS WANDMALEREI UND RELIEFS (DEKORATIONEN)
   1. Entwicklung der Dekorationen innerhalb der Grabanlagen . . . 51
   2. Die Wandmalereien und Reliefs des Raumes E und des Schachtes 58
   3. Vergleich der Darstellungen auf Pfeilern der Grabanlagen und des Raumes I zu den Darstellungen im Raum E 66
   4. Die Dekorationen der an den Schachtraum (E) grenzenden Räume – 3. Korridor und 1. Pfeilersaal 70
   5. Die Notdekorationen 76
   6. Zusammenfassung des Untersuchungsergebnisses Wandmalereien und Reliefs 79

IV. DIE BEISCHRIFTEN ZU DEN KÖNIGSKARTUSCHEN IM RAUM E
   1. Phase Voramarnazeit 81
   2. Phase Nachamarnazeit (bis Ramses II) 82
   3. Phase Nachamarnazeit (Merneptah bis Ramses III) 82

V. DIE STELLUNG DES AMDUAT IN DEN KÖNIGLICHEN GRABANLAGEN

1. Das Amduat in den verschiedenen Räumen der Grabanlagen ... 87
2. Das Amduat in seiner Beziehung zum Schachtraum (E) 91
3. Die graphische Gestaltung der 4. und 5. Stunde 92
4. Die Lokalisierung der Begriffe Rosetau-Imhet-Sokarland ... 94
5. Zusammenfassung 98
6. Die 12. Stunde 99

VI. ZUR FRAGE DER EINHEIT VON SCHACHTRAUM (E) UND SCHACHT 101

VII. SONDERFORMEN INNERHALB DER GRABANLAGEN

1. Sethos II 104
2. Tausert 105

VIII. ZUR FRAGE VON GLAUBENSINHALT UND AUSDRUCKSFORM

1. Raumart und -folge 107
2. Wandmalereien und Reliefs 108

IX. ZUSAMMENFASSUNG DER VORGETRAGENEN UNTERSUCHUNGSERGEBNISSE

1. Grundsätzliche Erkenntnisse 112
2. Die durch die Untersuchung belegten Fakten 113
3. Zusammenfassung der Argumente gegen den Schacht als technische Sperre 115
4. Die Bedeutung des Schachtes in den Gräbern Sethos I bis Merneptah 116
5. Die Bedeutung des Schachtes in den königlichen Gräbern der Biban-el-Moluk 118

X. QUELLENVERZEICHNIS 120

XI. PLÄNE DER KÖNIGSGRÄBER 121

VORWORT

Der Vergleich der technischen Sicherungsmaßnahmen, beginnend mit der frühen Pyramidenzeit bis zu den zuletzt im Biban-el-Moluk gebauten Königsgräbern, führte zu der Überlegung, ob der in den königlichen Felsgräbern der 18.–20. Dynastie vorgefundene Schacht mit seiner geringen Schutzwirkung als Sicherungsmaßnahme verstanden werden kann. Den technisch ausgeklügelten und mit erheblichem handwerklichen Aufwand durchgeführten Sperren in den Pyramiden des Mittleren Reiches steht seit Thutmosis III. ein simpler offener Schacht gegenüber.

Außer der wertvollen Arbeit von Elizabeth Thomas "The Royal Necropoleis of Thebes", Princeton 1966, liegt keine alle Königsgräber im Biban-el-Moluk umfassende neuere Untersuchung vor; diese Königsgräber werden heute noch häufig genug als unergiebig angesehen.

Das Seminar für Geschichte und Kultur des Vorderen Orients, Abteilung Ägyptologie, der Universität Hamburg beauftragte mich 1970 mit den erforderlichen Untersuchungen der Schächte im Tal der Könige. Ich habe an dieser Stelle Herrn Professor Dr. Wolfgang Helck für die vielfache Förderung meiner Arbeit zu danken. Ohne seine Bemühungen und die Unterstützung der ägyptischen Behörden, insbesondere des Herrn Unterstaatssekretärs und Direktors der Altertümer Dr. Mochtar wären die Untersuchungen in dem erforderlichen Umfang kaum möglich gewesen.

Bei den örtlichen Untersuchungen im Februar und März 1971 konnte ich auf die wertvollen Anregungen von Herrn Professor Dr. Hartwig Altenmüller und Herrn Dr. Dino Bidoli zurückgreifen, die zeitweilig an den Arbeiten teilnahmen.

Für die Aufnahme dieser Arbeit in die „Ägyptologischen Abhandlungen" danke ich den Herausgebern. Die örtlichen Untersuchungen wurden von der Deutschen Forschungsgemeinschaft finanziell unterstützt, sie übernahm ebenfalls den Druckkostenzuschuß.

Hamburg, April 1972

Friedrich Abitz

I. EINLEITUNG

1. Aufgabenstellung

In den Königsgräbern des Biban-el-Moluk sind, beginnend mit Thutmosis III, in dem oberen Teil der Grabanlagen teilweise Schächte erheblicher Tiefe ausgehauen worden, deren Bedeutung noch nicht nachgewiesen werden konnte. Sie werden allgemein, auch in der Fachliteratur, als Grabräuberschächte erklärt. Diese Ausarbeitung legt das Ergebnis des Quellenstudiums und der umfangreichen örtlichen Untersuchungen über die Bedeutung der Schächte vor.

2. Untersuchungsmethode

Bereits in einem frühen Untersuchungsstadium hat sich ergeben, daß nur die vergleichende Wertung aller vorhandenen Schächte, resp. Räume, die evtl. für die Anlegung eines Schachtes vorgesehen waren, zu einem Ergebnis führen würde. Es wird deshalb in dieser Ausarbeitung nicht jeweils die Untersuchung des einzelnen Königsgrabes vorgelegt, sondern es werden die einzelnen Architekturteile und Dekorationen aller Königsgräber abschnittsweise miteinander verglichen. Dadurch wird die Entwicklung in der Konzeption der Grabanlagen und die außerordentlich komplexe Materie transparenter.
Die Untersuchung hat ferner ergeben, daß die sogenannten Grabräuberschächte nur im Zusammenhang mit der gesamten Grabanlage gesehen werden können.
Eine umfassende Darstellung der gesamten Grabanlagen würde den Rahmen dieser Abhandlung sprengen, so daß nur Grundsätzliches über die nicht zur Untersuchung gestellten Teile der Grabanlage in bezug auf den Schacht ausgesagt werden kann.
Der Konzeption dieser Grabanlagen liegt eine vielschichtige und schwer darzustellende religiöse Aussage zugrunde, so daß der verarbeitete Untersuchungsstoff in gestraffter Form dargestellt werden muß, um das Verständnis zu erleichtern. Es muß deshalb leider auf die Darstellung einer Reihe von interessanten Nebenfragen, z. B. die Entwicklung des unteren Grabbereiches, der Achsverschiebungen innerhalb der

Grabanlagen, die Veränderungen der Eingangssituation, auch religiöser Entwicklungen und vieles mehr, verzichtet werden. Der Zusammenhang zwischen dem Raum und seinem religiösen Inhalt kann für erhebliche Zeiträume nachgewiesen werden. Diese Ausarbeitung gliedert sich deshalb in die Teile Architektur und Darstellungen innerhalb des Raumes, faßt jedoch später die getrennt behandelten Teile zusammen.

3. Umfang der Untersuchung

Untersucht wurden folgende Königsgräber:

Grab KV 34	Thutmosis III
Grab KV 35	Amenophis II
Grab KV 43	Thutmosis IV
Grab WV 22	Amenophis III
Grab WV 23	Eje
Grab KV 57	Horemheb
Grab KV 16	Ramses I
Grab KV 17	Sethos I
Grab KV 7	Ramses II
Grab KV 8	Merneptah
Grab KV 15	Sethos II
Grab KV 14	Tausert
Grab KV 47	Siptah
Grab KV 11	Ramses III
Grab KV 2	Ramses IV
Grab KV 9	Ramses VI
Grab KV 1	Ramses VII
Grab KV 6	Ramses IX
Grab KV 4	Ramses XI

(KV – King's Valley, WV – West Valley)

Die Gräber KV 10 = Amenmesse und KV 18 = Ramses X konnten nicht untersucht werden.
Das Grab Amenmesse ist bis zum 2. Eingangskorridor Magazin, danach ist eine umfangreiche Blockierung des Grabes durch bis zur Gangdecke aufgeschichtete Steine über viele Meter vorgenommen worden. Durch ein Loch nahe des Fußbodens ist vom Grab Ramses III aus erkennbar, daß KV 10 im Bereich des Nebenraumes zum 1. Pfeilersaal erheblich verschüttet ist. Die Räume nach dem 5. Korridor sind noch nicht ausgegraben worden; ab dort reichen die Schuttmassen bis zur Decke.
Das Grab Ramses X ist Standort des Stromaggregates für das Tal der Könige. Es ist im übrigen ab letzten Teil des 2. Korridors bis zur Decke mit Schuttmassen

angefüllt. Das Grab wurde nicht ausgegraben. Die dankenswerterweise von der Altertümerverwaltung erlaubte Untersuchung dieser beiden Gräber wurde nicht vorgenommen, weil für das Untersuchungsergebnis der unbekannte Zustand der verschütteten, nicht ausgegrabenen Teile von großer Bedeutung gewesen wäre. Eine noch durchzuführende Untersuchung müßte deshalb gleichzeitig die vollständige Ausgrabung dieser Grabanlagen umfassen.

Die Gräber KV 62 = Tut-ench-Amun und KV 55 = Semenchkare sind nicht untersucht worden, es wird jedoch auf sie Bezug genommen.

Die örtlichen Untersuchungen der Gräber waren erheblich dadurch erschwert, daß zum Teil Restaurationen in jüngerer Zeit evtl. noch vorhandene Spuren zerstört, verwischt oder verfälscht haben, daß bei der Wiederentdeckung der Gräber noch vorhandene und zu dieser Zeit nicht beachtete Befunde verloren sind und letztlich, daß die jahrzehntelangen Ströme von Touristen den Erhaltungszustand der Gräber ständig verschlechtert haben. Die heute noch feststellbaren und einwandfrei zu belegenden Befunde reichen jedoch aus, entsprechende Nachweise in dieser Ausarbeitung vorlegen zu können.

4. Die bisherige Auffassung über die Bedeutung des Schachtes

Bereits in seinem 1820 erschienenen Bericht "Narrative of the Operations and Recent Discoveries in Egypt and Nubia" (2. ed., 2. vols. London 1820) vertritt Giovanni Battista Belzoni die bis heute gültige Auffassung, daß die Schächte gegen das Eindringen von Wasser und Grabräuber gedient haben. Über seine gezielte Suche, neue Königsgräber zu entdecken, berichtet er:

"... as I went into these mountains only to examine the various places, where the water descends from the desert into the valleys after rain. It is singular to observe, that though the rain falls very seldom, perhaps not more than once or twice a year, yet such is the effect of the climate and the sun on the spots where the water passes, that they are strongly marked, as if it were continually running over them, and much harder than the rest of the masses ...

... There are very few places in these mountains where water gathers in such quantities, as in the valley of Beban el Malook, and its adjoining branch on the west side. For some time the water forms a small torrent, that carries every thing before it." (S. 124)

Die gleiche Beobachtung wiederholt er auf Seite 231—233, als er über die Entdeckung des Grabes Sethos I berichtet:

"... I caused the earth to be opened at the foot of a steep hill, and under a torrent, which when it rains, pours a great quantity of water over the very spot I have caused to be dug. No one could imagine, that the ancient Egyptians would make the entrance into such an immense and superb excavation just under a torrent of water; but I had strong reasons to suppose, that there was a tomb in that place, from indications I had observed in my pursuit ...

... but I was checked in my anxiety at this time, for at the end of this passage I reached a large pit, which intercepted my progress. The pit is thirty feet deep and fourteen feet by twelve feet three inches wide. On the opposite side of the pit facing the entrance I perceived a small aperture two feet wide and two feet six inches high, and at the bottom of the wall a quantity of rubbish. A rope fastened to a piece of wood, that was laid across the passage against the projections which form a kind of door, appears to have been used by the ancients for descending into the pit; and from the small aperture on the opposite side hang another, which reached the bottom, no doubt for the purpose of ascending. We could clearly perceive, that the water which entered the passages ... ran into this pit ..."

Wenngleich Belzoni nicht unmittelbar ausspricht, daß die Schächte eine Sicherheitsvorkehrung gegen eindringendes Wasser sein könnten, hat seine Methode, den Spuren der Wasserfluten nachzugehen, Erfolg für ihn gehabt.

"... The little aperture we found to be an opening faced through a wall, that had entirely closed the entrance which was as large as the corridor. The Egyptians had closely shut it up, plastered the wall over, and painted it like the rest of the sides of the pit, so that but fore the aperture, it would have been impossible to suppose, that there was any farther proceeding; and any one would conclude, that the tomb ended with the pit ..."

Diese gleiche Auffassung setzt sich fort bei Theodore M. Davis in "The Tombs of Harmhabi and Touatânkhamanou" (London 1912, S. 1 f.) als er über die Entdeckung des Grabes von Horemheb berichtet:

"Beyond the sand, we came to an open well or pit, cut vertically in the rock; this was for the purpose of receiving any water which might find its way from the mouth of the tomb, and to aid the discharge of the water a smaller room had been cut in the rock next the well. ... Above this well in the tomb of Harmhabi the walls on three sides were covered with paintings, but the one opposite to the entrance to this pit had been partially destroyed, showing that the robbers in both instances had not been deceived by the painted wall, but had broken through the concealed entrance and found their way to the funeral chambers, ruthlessly destroying their beautiful and valuable contents."

In jüngster Zeit wurde die Auslegung bestätigt, jedoch nunmehr die Möglichkeit nicht ausgeschlossen, daß der Schacht auch eine religiöse Bedeutung haben könne. Hierzu Elizabeth Thomas in "The Royal Necropoleis of Thebes" (Princeton 1966):

"The purpose of this shaft was perhaps threefold: to prevent the ingress of rain-water and of the too curious visitor and probably also religious in a way that is specifically uncertain at present." (S. 77)

Ferner Christiane Desroches-Noblecourt "Tut-ench-Amun" (Berlin, 1963, S. 259) über das Grab Sethos II:

„Zunächst ist man verblüfft, daß dieser Raum, der vor dem ersten Pfeilersaal liegt, in den Gräbern der 18. Dynastie (außer bei Amenophis I und Hatschepsut) bis einschließlich Amenophis III dem berühmten Brunnenschacht entspricht, der allgemein als eine haltgebietende Sperre gegen die Diebe und eindringendes Wasser angesehen wird. Jetzt mußte man aber zugeben, daß er jedenfalls auch auf die wässrige Sphäre anspielen will, in der, wie in den Wässern der Mutter, das im Werden begriffene Wesen sich aufhält."

Aus dieser Zweckbestimmung des Schachtes ist die heutige Auffassung mit entstanden, daß die Schächte — wesentlich als Sicherheitsmaßnahmen gedacht — nach der Grablegung ausgehauen wurden.

"The King's plan was not necessarily executed by his successor, and this shaft would have formed the most arduous post-burial duty if, as appears likely, it was always quarried at this time."
(Thomas, a. a. O., S. 285).

Die heute vorliegenden Auffassungen, daß es sich bei den Schächten um eine Sperre gegen Diebe oder Regenwasser handelt, ist aus dem Zustand der Gräber bei ihrer Wiederentdeckung verständlich. Sämtliche Gräber waren beraubt und ein erheblicher Teil hat durch Überschwemmungen gelitten, oder ist vollständig zugeschwemmt worden.
Es ist jedoch von zweifelhaftem Wert, aus der Tatsache der Beraubung und der Wassereinbrüche ein Urteil über den Zweck der Schächte zu gewinnen.
Die nachfolgenden Fakten werden belegen, daß diese bisherige Auffassung nunmehr berichtigt werden muß.

II. ERGEBNIS DER BAUFORSCHUNG

1. Raumart und Raumfolge der Grabanlagen

Der Vergleich der untersuchten Gräber ergibt, daß wesentliche Merkmale bei allen Gräbern übereinstimmen. Nachfolgend werden die Gleichartigkeiten und ihre Abweichungen anhand der Grundrisse und Aufrisse dargelegt.

a) Grundrisse (siehe Pläne A bis F)

1.–3. Eingangskorridor (B–D)

Drei Korridore sind nach dem Eingang bei allen Gräbern vorhanden. Diese Räume sind entweder als mehr oder weniger steile Rampen oder als Treppen, zum Teil mit einer rutschenähnlichen Rampe zwischen den beidseitig gesetzten Stufen, ausgebildet. Die Korridore liegen stets in einer Achse. Bis auf die am Ende des dritten Korridors befindlichen Nischen – diese werden gesondert untersucht – werden die sonstigen vorhandenen Nischen nicht behandelt.

Von dieser Raumfolge weichen ab:

Thutmosis III

die Achse der drei Korridore weist eine leichte Biegung auf.

Ramses I

das Grab ist unvollendet, nach dem zweiten Korridor folgt die Sarkophaghalle. Wenn im weiteren Verlauf dieser Ausarbeitung Grabanlagen als unvollendet bezeichnet werden, so bedeutet dieses auch, daß die Grabanlage vorzeitig – z. B. durch Tod des Königs verursacht – ohne Ausbau aller vorgesehenen Räume behelfsmäßig vollendet wurde und damit gegenüber der Planung unvollendet blieb.

Ramses III

zwischen dem 2. und 3. Korridor verschiebt sich die Achse. Dieses war nicht vorgesehen, sondern beruht auf einer unplanmäßigen, nachträglichen Änderung. Etwa in der Hälfte des Ausbaus des 3. Korridors stieß das Grab am Fußboden und an der unteren Kante der linken Korridorseite mit dem Grab von Amenmesse am unvollendeten Seitenraum zum 1. Pfeilersaal zusammen. Der 3. Korridor wurde an dieser Stelle aufgegeben und nach Achsverschiebung durch Einfügung eines kleinen Querkorridors erneut begonnen.

Ramses VII

das Grab ist unvollendet, nach dem 1. Korridor folgt die Sarkophaghalle.

Die Korridorbreiten liegen in der Zeit

Thutmosis III — Thutmosis IV   zwischen ca. 1,70 bis 2,00 m
Amenophis III — Ramses III   zwischen ca. 2,55 bis 2,70 m
Ramses IV   — Ramses XI   zwischen ca. 3,20 bis 3,30 m
(Ausnahmen Sethos II mit 2,80 m und Tausert mit 2,10 m)

Die Korridore sind durch Durchgangstore geringerer Durchlaßbreite voneinander abgeteilt.

Schachtraum (E)

Der auf den 3. Korridor folgende Raum, welcher zum Teil als Schacht ausgebildet ist, ist stets vorhanden. (Die architektonischen Details werden später behandelt.)
Dieser Raum ist nur dann nicht vorhanden, wenn das Grab unvollendet geblieben ist und die Sarkophaghalle vorzeitig vor Erreichen des Raumes E wegen des Todes des Königs ausgehauen werden mußte. (Ramses I, Ramses VII. Weitere Ausnahmen gibt es nicht.)
Die Länge des Raumes liegt zwischen ca. 3,20 bis 4,90 m bei einer Breite zwischen ca. 4,10 und 5,40 m.
(Ausnahmen: Amenophis III mit einer Länge von 6,70 m und Tausert mit einer geringeren Größe von 2,23 x 3,13 m.)

1. Pfeilersaal (F)

Auf den Schachtraum folgt stets der 1. Pfeilersaal, der sich in seiner Gestaltung deutlich in zwei zeitlich klar abgegrenzte Formen unterscheidet:
1. Form von Thutmosis III bis Sethos I
Der Raum hat stets 2 Pfeiler (nur Sethos I hat 4 Pfeiler, offenbar Übergangsphase zu der 2. Form des Raumes). Die Treppe in den weiteren Grabbereich ist stets in der

linken hinteren Ecke des Raumes (Ausnahmen nur die bis zu diesem Raum unvollendeten Gräber Eje und Ramses I).
2. Form von Ramses II bis Ramses XI
Der Raum hat stets 4 Pfeiler (Ausnahme Tausert, ohne jegliche Pfeiler).
Der Abgang in den weiteren Grabbereich führt stets durch die Mitte des Raumes zwischen den beiden Pfeilerpaaren hindurch (Ausnahmen sind die bis zu diesem Raum unvollendeten Gräber, Ramses IV, Ramses VII).

4. und 5. Korridor (G und H)

Auf die aus dem 1. Pfeilersaal nach unten führende Treppe oder Rampe folgen bei den vollendeten Gräbern zumeist zwei Korridore (unvollendet: Eje, Ramses I, Sethos II, Ramses IV, Ramses VII, Ramses IX).
Bei den vollendeten Grabanlagen ist jedoch die bisherige Einheitlichkeit der Raumfolge nicht vollständig gewahrt, wie nachfolgende Aufstellung zeigt:

Thutmosis III	G und H fehlt
Amenophis II	H fehlt
Thutmosis IV	G und H vorhanden
Amenophis III	G und H vorhanden, das Durchgangstor zwischen beiden Korridoren fehlt
Horemheb	G und H vorhanden
Sethos I	G und H vorhanden
Ramses II	G und H vorhanden
Merneptah	G und H vorhanden, beide Korridore getrennt durch einen Raum
Amenmesse	G und H vorhanden
Tausert	G und H vorhanden
Siptah	G und H vorhanden, nach einem weiteren Raum folgen 2 weitere Korridore
Ramses III	G vorhanden, H wurde zu einem Raum erweitert
Ramses VI	G und H vorhanden
Ramses XI	G vorhanden, H fehlt

Es ist anzunehmen, daß die Gräber Thutmosis III und Amenophis II eine Vorstufe zu der endgültigen Entwicklung, welche mit Thutmosis IV einsetzt, sind.
Nachdem bei Ramses XI die Sarkophaghalle mit 4 Pfeilern ausgestattet ist, kann es sich nicht um einen unplanmäßig vorzeitigen Ausbau der Sarkophaghalle handeln. Dieses Grab fällt durch den Fortfall des 5. Korridors und des nachfolgenden Vorraumes aus dem üblichen Rahmen.

Vorraum zur Sarkophaghalle (I)

Ebenso wie der 4. und 5. Korridor ist der Vorraum zur Sarkophaghalle gewissen Veränderungen unterworfen:

Thutmosis III	I fehlt
Amenophis II	I fehlt
Thutmosis IV	I vorhanden
Amenophis III	I vorhanden
Horemheb	I vorhanden
Sethos I	I vorhanden
Ramses II	I vorhanden
Merneptah	I vorhanden, jedoch zwischen 4. und 5. Korridor gesetzt
Tausert	I vorhanden
Siptah	I vorhanden, es folgen jedoch noch zwei weitere Korridore vor der Sarkophaghalle
Ramses III	I vorhanden, der 5. Korridor ist jedoch zu einem gleich großen Raum ausgebildet, so daß es praktisch zwei Räume I gibt
Ramses VI	I vorhanden
Ramses XI	I fehlt

Für den Raum I gilt hinsichtlich der Entwicklungsform (Th III und A II) das gleiche wie für den 4. und 5. Korridor ausgeführt.

Sarkophaghalle und Seitenkammern (J)

Die architektonische Ausführung der Sarkophaghalle zeigt verschiedene Entwicklungsformen, die zeitlich klar abgegrenzt sind:

1. Form

Thutmosis III (ovale Halle durch 2 Pfeiler gestützt)

2. Form

Amenophis II bis Sethos I
rechteckige langschiffige Halle mit 6 Pfeilern, vertieft abgesetztem Raumteil am Ende der Halle, in dessen Mitte der Sarkophag steht.

3. Form

Ramses II bis Ramses VI
rechteckige Querhalle mit 8 Pfeilern, vertieftem Mittelteil zwischen den Pfeilern, der Sarkophag steht in der Mitte des Raumes.

4. Form

Ramses XI
annähernd quadratischer Raum mit 4 Pfeilern, in dessen Mitte der Sarkophag steht. Der Schacht unter dem Sarkophag wurde nicht ausgegraben; es wird angenommen, daß vom Grunde des Schachtes ein Raum abgeht.

Die Sarkophaghallen der Gräber Eje, Ramses I, Sethos II, Ramses IV, Ramses VII, Ramses IX sind nicht dem Plan entsprechend angelegt, sondern in einfacher Form an den unvollendeten Bauzustand der Raumfolge angehängt worden, offenbar durch den vorzeitigen Tod des Königs verursacht. Die Entwicklung der Raumfolge ist besonders gut an dem Grundriß der Gräber Siptah und Ramses VI abzulesen, bei denen die Sarkophaghalle selbst zum Teil unvollendet blieb. Bei allen unvollendeten Gräbern fehlen die sonst bei allen vollendeten Gräbern stets vorhandenen 4 Seitenräume. (Die hinter der Sarkophaghalle liegenden Räume bleiben hier unberücksichtigt.)
Das Grab Tausert erweitert nach der konventionellen Sarkophaghalle die Grabanlage zu einer weiteren Sarkophaghalle gleicher Art und Abmessung und verbindet beide Hallen mit zwei Korridoren.

b) Aufrisse (s. Pläne G–I, auch die Gräber mit Achsenverschiebungen sind axial ausgerichtet)

1. bis 3. Eingangskorridor (A–D)

In allen Gräbern führen die drei Eingangskorridore mehr oder weniger steil in die Tiefe. Die Decken folgen nicht immer dem Neigungswinkel des Fußbodens.
Die Gräber Thutmosis III bis Sethos I weisen das stärkste Gefälle im 2. Korridor auf, dieser ist stets als Treppe ausgebildet. Mit Ramses II beginnt sich der Neigungswinkel der Korridore zu verringern, bis in den späteren Gräbern die Neigung nur noch schwach bemerkbar ist. Der 3. Korridor des Grabes Ramses III ist die einzige Ausnahme, dieser Korridor führt leicht aufwärts. Es ist anzunehmen, daß diese Ausnahme sich aus der Planänderung, verursacht durch die Kollision mit dem Grab Amenmesse, ergeben hat.

Schachtraum und 2. Pfeilersaal (E und F)

Sofern der Raum E nicht zum Schacht ausgehauen wurde, ist der Fußboden dieses Raumes und des Raumes F stets ohne Gefälle. Ein- und Ausgang von E liegen, auch wenn Schächte ausgehauen wurden, auf gleichem Niveau wie F, die Decken haben kein Gefälle. Im Gegensatz zu der allmählichen Abflachung der Eingangskorridore in ramessidischer Zeit ist die Treppe oder Rampe, welche aus dem Raum F in den weiteren Grabbereich führt, nur in dem Maße abgeflacht, daß anstelle der bis Sethos I üblichen Treppen die Rampe begehbar bleibt.

4. und 5. Korridor (G und H)

Die Neigungswinkel dieser Korridore sind uneinheitlich, zum Teil mit starker oder schwacher Neigung, teils ohne merkbare Neigungswinkel. Die Decken folgen nicht immer dem Neigungswinkel der Korridorfußböden.

Vorraum zur Sarkophaghalle (I)

Fußboden und Decke des Raumes I sind stets ohne Gefälle.

Sarkophaghalle und Nebenräume (J)

Außer bei Thutmosis III ist das Raumteil, in welchem der Sarkophag steht, tiefer als das übrige Bodenniveau dieser Halle.
Die Decken und Fußböden der Nebenräume sind ohne Gefälle; außer, daß die Decken der Sarkophaghallen innerhalb der 8 Pfeiler gewölbt sind, gibt es in diesem Raum kein Gefälle.
Das im Grabe Ramses IV vorhandene Gefälle von Mitte 3. Korridor, den Raum E schneidend, bis in die Sarkophaghalle, beruht auf einer Planänderung. Der Bau dieser, das Gefälle verursachenden Rampe wurde offensichtlich durch die außerordentliche Größe und Schwere des Sarkophags erforderlich. Aus dem noch sichtbaren ursprünglichen Raumniveau ist zu erkennen, daß für die Räume E und Sarkophaghalle kein Gefälle vorgesehen war.

c) Ergebnis des Grund- und Aufrißvergleiches

1. Alle untersuchten Gräber sind nach dem gleichen Plan, der grundsätzlich Raumart und -folge bestimmte, gebaut. Die Gräber Thutmosis III und Amenophis II sind echte Vorstufen zum endgültigen Plan.
2. Die nichtvollendeten Grabanlagen sind genau nach dem Plan begonnen, doch enden sie vorzeitig, indem die Sarkophaghalle an den beim Tod des Königs erreichten Bauzustand angefügt oder der letzte erreichte Raum zur einfachen Sarkophaghalle umgestaltet wird.
3. Ohne die Raumfolge zu ändern, ist eine bedeutsame Zäsur zwischen den Gräbern bis einschließlich Sethos I und den Gräbern ab Ramses II festzustellen. Der Abgang vom 1. Pfeilersaal in den unteren Grabbereich wird von der linken Wandseite in die Mitte des Raumes verlegt. Hierdurch wird der Raum „zerschnitten", die neben der abwärtsführenden Rampe liegenden Raumteile sind praktisch große begehbare Nischen geworden.
Aus der langschiffigen Sarkophaghalle mit 6 Pfeilern wird eine Querhalle mit 8 Pfeilern. Der Sarkophag steht nicht mehr am Ende des Raumes, sondern in der Mitte.
Das Gefälle der ersten drei Eingangskorridore, welches bis Sethos I im 2. Korridor die stärkste Neigung aufweist, verändert sich, flacht ab und betont nicht mehr den 2. Korridor.
4. In den Plänen G bis I sind die Gräber ohne Rücksicht auf die unterschiedliche Länge und Ausbaustufe auf eine senkrechte Linie gesetzt worden, welche die Stirnwand des 1. Pfeilersaals schneidet.
Durch diese Darstellungsart wird offenbar, daß alle Grabanlagen an dieser Stelle in einen oberen Teil und einen unteren Teil zerfallen.

Diese Trennung in zwei „Etagen" ergibt gleichzeitig, daß obere und untere „Etage" gleichartig sind:

oberer Grabbereich	—	*unterer Grabbereich*
1. Korridor		korridorähnlicher Abgang
2. Korridor		4. Korridor
3. Korridor		5. Korridor
Schachtraum		Vorraum
Pfeilersaal		Pfeilersaal (Sarkophaghalle)

5. Im oberen Grabbereich gibt es grundsätzlich keine Änderungen des Planes (außer Tausert — Fehlen der Pfeiler im 1. Pfeilersaal).
Im unteren Grabbereich gibt es im geringen Umfang Variationen innerhalb des 4. und 5. Korridors und dem Vorraum (außer Tausert — zweite Sarkophaghalle).
6. Außer Tausert weicht das Grab Ramses XI, das letzte im Biban-el-Moluk ausgehauene Königsgrab, nicht unerheblich von dem Grundplan ab.

2. Der Schacht und seine Nebenräume

a) Das Vorkommen von Schächten

Die örtliche Untersuchung im Biban-el-Moluk galt insbesondere der Frage, in welchen Gräbern die sogenannten Grabräuberschächte im Raum E vorhanden sind. Die Untersuchung ergab:

Thutmosis III   *Schacht ohne Nebenraum*

Der Schacht hat am tiefsten, noch meßbaren Teil in der Mitte des Raumes eine Tiefe von ca. 9 m (die sich auf die Tiefe des Schachtes auch nachfolgend angegebenen Messungen rechnen ab Decke des Raumes E).
Am Grunde dieses Schachtes, besonders an den Seiten, liegen Mengen von Schutt, so daß die genaue Tiefe ohne eine Säuberung des Schachtes nicht gemessen werden kann. Im unteren Drittel des Schachtes ist an der linken Seitenwand, etwa Raumlänge einnehmend, die Wand so herausgebrochen, daß eine tiefe Unterhöhlung der Wand eingetreten ist. Das herausgebrochene Felsstück liegt am Grunde des Schachtes. Mein Eindruck ist, daß dieser Felsbruch während des Heraushauens des Schachtes eingetreten ist und eine Weiterarbeit verhinderte. Es ist möglich, daß aus diesem Grunde ein Nebenraum nicht mehr ausgearbeitet wurde.
Im übrigen zeigt der Schacht sorgfältige Steinbearbeitung und war vollständig zum Verputzen und Bemalen vorgesehen (siehe Ziffer III/2).

Amenophis II   *Schacht mit einem Nebenraum*

Die Tiefe des Schachtes beträgt 9,17 m. Die Felsbearbeitung ist sorgfältig ausgeführt, die senkrechten Raumecken sind scharf markiert. Etwa 3 m über dem Schachtgrund ist eine fehlerhafte Ausarbeitung festzustellen. An der Eingangswand weichen beide Raumecken etwa 20 bis 30 cm nach rechts aus und führen dann weiter senkrecht zum Schachtboden.

Der vom Schachtgrund (rechte Seitenwand 27 cm von der Ecke zur Eingangswand entfernt) abgehende Raum ist mit 5,30 m länger als der Schachtraum, besitzt eine Breite von 3,21 m, die Höhe beträgt 1,92 m. Die zwischen Schacht und diesem Raum stehengelassene Wand (gemessen am Durchgang) hat eine Stärke von 72 cm, der Durchgang eine Höhe von 1,42 m bei einer Breite von 1 m.

Der Fels ist an den Wänden sorgfältig bearbeitet, die Ecken zu Decke und Wänden sind deutlich und akkurat markiert.

Thutmosis IV   *Schächte mit einem Nebenraum*

Der Schachtraum ist quadratisch, der Schacht selbst nur etwa 7,50 m offen, das untere Teil mit Schutt gefüllt, so daß der von der Ausgangswand (zu F) abgehende Raum nicht untersucht werden konnte.

Die Wände des Schachtes sind sorgfältig behauen, lediglich an der Eingangswand beginnend zieht sich bis etwa zur Mitte der linken Seitenwand ein in den Raum ragendes schmales Felsband hin, welches nicht abgeschlagen worden ist.

Unter diesem hervorstehenden Felsband setzt sich die Schachtwand in der gleichen Senkrechten wie die darüberliegende dekorierte Wand fort.

Dieses wird von E. Thomas a.a.O. S. 81 wie folgt beschrieben:

"... in contrast to 34—35 the walls were apparently treated before the well was excavated, for they 'show roughly' the original floor line."

Aus diesem Umstand wird gefolgert, daß die Schächte erst nach dem Begräbnis ausgehauen wurden.

Die Untersuchung von Grab 34 Thutmosis III hat jedoch ergeben, daß der Putz mehr als 5,20 m (von der Decke gemessen) tief in den Schacht hineinreicht und, wie noch schwach erkennbare Absätze zeigen, in mehreren Streifen untereinander aufgetragen wurde. Ein weiterer Beweis für diese Arbeitsweise ist, daß an der einen Seite der Eingangswand, etwa in Höhe des ehemaligen Raumniveaus, über der weißen Malerei Putzspuren liegen, so daß der Putz unterhalb des ehemaligen Raumniveaus später als die Malerei darüber gearbeitet worden sein muß. Im übrigen ist es kaum möglich, daß die sorgfältig ausgeführten Malereien oder späteren Reliefs an den Wänden des Raumes E ohne komplizierte Stellagen vom Schachtgrund aus gearbeitet werden konnten. Wie stets, haben — wie die Gräber Thutmosis III und IV beweisen — die Ägypter zweckmäßig gearbeitet, d. h. den Schacht offensichtlich erst nach der Dekorierung der Wände aus dem Fels herausgearbeitet.

Dieses ist jedoch noch kein Beweis dafür, daß die Schächte nach dem Begräbnis gearbeitet wurden; das Gegenteil wird in der Zusammenfassung dieses Abschnittes nachgewiesen.

Amenophis III   *Schacht mit einem Nebenraum*

Der Schacht ist im unteren Bereich mit Schutt und Geröll in unterschiedlicher Höhe gefüllt. Jedoch bleibt der Zugang zum Raum, der vom Schachtgrund abgeht, frei, so daß eine Tiefe des Schachtes von ca. 10 m angenommen werden kann.

Der Schacht ist sorgfältig ausgehauen. Ähnlich wie bei Thutmosis IV sind an der Eingangswand links und hier in der linken Ecke der Ausgangswand, unterhalb des Putzes und der Malerei Felsbänder stehengelassen worden, während unter diesen schmalen Felsbändern der Schacht in der gleichen Senkrechten wie vorher und unter sorgfältiger Markierung der Ecken fortgeführt wird.

Der vom Schachtgrund abgehende Raum scheint etwas tiefer als der Boden des Schachtes zu liegen, da es erforderlich war, eine hohe abwärtsführende Stufe einzubauen. Der Raum ist 2,56 m hoch und hat einen L-förmigen Grundriß. Der Raum ist nicht fertiggestellt. Die linke Wand (A in nachfolgender Zeichnung) ist unregelmäßig geführt und im Stadium des Aushauens. Ebenso ist die Decke des hinteren Raumteiles (B) nicht vollständig geglättet (es sind noch Werkzeugspuren in den Rußflecken, die offensichtlich von der Arbeitsbeleuchtung stammen, erkennbar).

Wie die Zeichnung zeigt, sind die Ecken nicht rechtwinklig, somit die Wände nicht parallel.

Bis auf A sind die übrigen Wände sorgfältig bearbeitet, alle Ecken gut markiert.

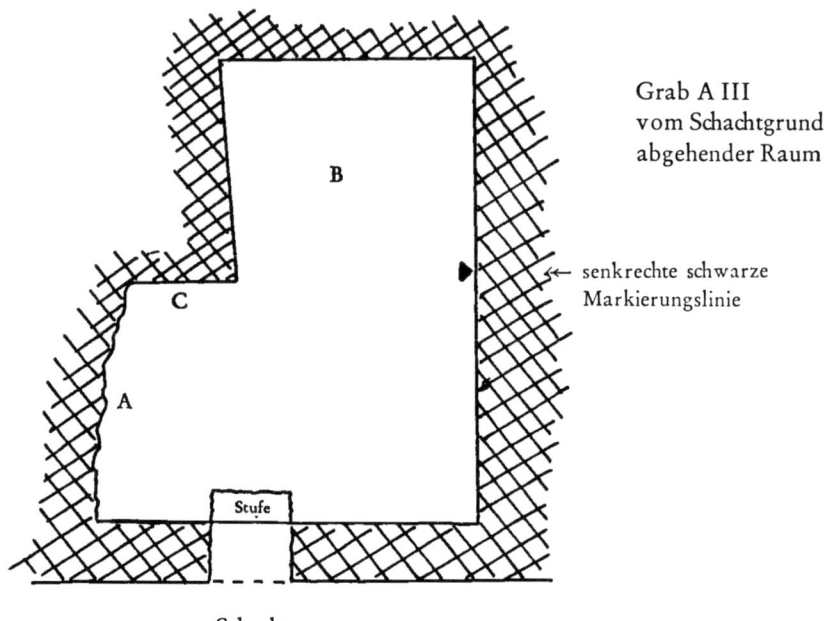

Grab A III
vom Schachtgrund
abgehender Raum

← senkrechte schwarze Markierungslinie

Schacht

Es kann kein Zweifel bestehen, daß die L-Form des Raumes gewollt ist. In der Fluchtlinie des kurzen Wandstückes C (s. Zeichnung) ist an der gegenüberliegenden Wand eine senkrechte schwarze Markierungslinie angebracht. Solche Markierungslinien, wenngleich in rot, habe ich verschiedentlich, insbesondere an den Wänden der Pfeilerhallen Thutmosis IV, hier als Fluchtungslinie der Pfeilerpaare, in gleicher Form gefunden.
Der Raum hat ca. 25 m² Grundfläche, der Durchgang ist 96 cm breit und 1,46 m hoch.

Eje   *kein Schacht*

Dieses Grab ist unvollendet; nach dem 3. Korridor und dem Schachtraum E folgt die Sarkophaghalle mit einem Nebenraum. Das Grab ist niemals gesäubert worden, beträchtliche Mengen von Schutt liegen in den drei letzten Räumen. Es ist deshalb nicht erkennbar, ob erst nach dem Tode von Eje die Sarkophaghalle ausgehauen, oder ob der zu diesem Zeitpunkt bereits begonnene 1. Pfeilersaal zur Sarkophaghalle umgestaltet wurde.
In Raum E an der linken Seite zum Durchgang zur Sarkophaghalle ließ ich den Schutt entfernen. Nach 1,10 m wurde der Felsboden, der an dieser Stelle dem ursprünglichen Raumniveau entspricht, erreicht, wie der gleichzeitig freigelegte Boden des Durchganges zu F zeigt. Damit ist nachgewiesen, daß kein Schacht vorhanden ist.

Horemheb   *Schacht vorhanden, Nebenraum vorhanden, Lage unbekannt*

Der Schacht ist heute weitgehend zugeschüttet. (Schräg ansteigende Schuttmassen, die unterhalb der Dekoration zwischen ca. 1,50 m bis 4 m von den Schachtwänden frei lassen.)
Davis a.a.O. S. 1 berichtet leider nicht, welche Tiefe der Schacht bei der Wiederentdeckung des Grabes hatte und berichtet über einen Nebenraum. (Siehe S. 12 dieser Ausarbeitung.)
"This adjunct, omitted from the Ayrton plan, is not visible from above in the incompletely cleared shaft. Adlai says it is on the right, whether from knowledge or by analogy with that in KV 35." (Thomas, a.a.O., S. 92)
Die Schachtwände unterhalb des Raumniveaus sind sorgfältig behauen, die Frage, ob am Grunde des Schachtes ein oder mehrere Nebenräume vorhanden sind, muß bis zur vollständigen Ausgrabung des Schachtes offen bleiben.

Ramses I   *kein Schacht*

Dieses Grab ist unvollendet. Nach dem 2. Korridor folgt die Sarkophaghalle. Somit kann weder der Schachtraum noch der Schacht vorhanden sein.

Sethos I *Schacht mit mehreren Nebenräumen*

Der Schacht ist heute im untersten Teil verschüttet, im sichtbaren Teil sorgfältig gearbeitet. Thomas a. a. O., S. 121, n. 20:

"Yet Athanasi, among others, says that Belzoni cleared the tomb by filling the well."

Zum Text von Belzoni:

"I observed some cavities at the bottom of the well, but found nothing in them."

Dazu Thomas, a. a. O. n. 21:

"Otherwise unrecorded and now not detectable with certainty from above; on Fig. 11 three, from Belzoni's 'some', are placed in locations that seem most likely."

Danach scheint zwar sicher, daß „mehrere" Räume vom Schachtgrund abgehen, jedoch wissen wir nichts über Anzahl, Art und Größe, solange der Schacht nicht vollständig gesäubert worden ist. In den Grabplänen habe ich deshalb, anders als Thomas, die Nebenräume fortgelassen.

Ramses II *Schacht vorhanden, Nebenräume unbekannt*

Dieses Grab ist in einem erschreckenden Zustand. Mehrfach von Wasserfluten überschwemmt, wie die schichtweisen Ablagerungen zeigen, war es bis zur Decke mit eingedrungenem Schutt verfüllt. Der Schutt ist bisher nur soweit geräumt, daß die Sarkophaghalle zugänglich ist. Fast alle Wände der Korridore sind noch mit einer Schuttschicht bedeckt, die außerhalb der Korridorbreite liegenden Raumteile sind noch bis zur Decke verschüttet.

Der Schachtraum ist bis auf die Raumecken – hier steht noch Schutt bis zur Decke – geräumt, die sichtbaren Wände sind ungesäubert. Das eingedrungene Wasser-/Schuttgemisch hat die feinen Reliefs und den bei Felsfehlern erforderlichen Ausbesserungsputz stark zerstört. Durch eine teilweise, zusätzlich auftretende Salzausblühung des Steines haben die Darstellungen und Texte so gelitten, daß große Flächen für immer verloren gegangen sind.

In der Höhe des ehemaligen Fußbodenniveaus ist in E bei der groben Räumung des Grabes der Schutt in der Raummitte stehengelassen worden, während zur rechten und linken Wand die Räumung in den Schacht hinein um weitere 1,50 m Tiefe erfolgte. Dadurch sind die Schachtwände zum wesentlichen Teil bis zu dieser Tiefe freigelegt. Sie sind, soweit sichtbar, an allen 4 Wänden mit figürlichen Darstellungen und Texten dekoriert.

Sichtbar sind 2 Register und der Anfang eines 3. Registers, so daß hieraus errechnet werden kann, wie weit die Dekoration mindestens in den Schacht hineinreicht.

Die ursprüngliche Raumhöhe hat – gemessen an den sichtbaren Schwellen des Durchganges zu F – 2,70 m betragen.

Von der Decke gemessen beginnt das 1. Register nach 33,5 cm und hat eine Höhe von 183,5 cm, das 2. Register eine Höhe von 2 m. Sofern das mit der Oberkante sichtbare 3. Register ebenfalls 2 m Höhe hat, reicht die Dekoration vom ehemaligen Raumniveau gerechnet weitere 3,47 m tief in den Schacht hinein.

Die Annahme, daß nach dem 3. Register weitere Register folgen, und daß evtl. der Schacht bis zum Schachtgrund dekoriert ist, ist berechtigt. Dieses, so wie die Frage, ob ein oder mehrere Nebenräume vom Schachtgrund abgehen, kann erst durch eine Säuberung des Schachtes geklärt werden.

Merneptah   *Schacht vorhanden, Nebenraum unbekannt*

Der Schacht dieses Grabes ist bis zum normalen Raumniveau vollständig zugeschüttet und daher nicht erkennbar.
An der linken Seite des Durchganges zu F wurde von mir im Schachtraum ein Loch in den Schutt 50 cm tiefer als die aus Fels bestehende Durchgangsschwelle E/F gegraben, ohne daß ich auf Felsboden gestoßen bin. Damit ist festgestellt, daß ein Schacht unbekannter Tiefe vorhanden ist. Weitere Einzelheiten und die Frage, ob Nebenräume am Grunde des Schachtes vorhanden sind, können erst nach Räumung des Schuttes geklärt werden.

Sethos II   *kein Schacht*

Das Grab ist unvollendet. Nach dem 1. Pfeilersaal folgt die in der „2. Etage" tiefer liegende kleine Grabkammer. Ein Schacht ist im Raum E nicht vorhanden, der Raumboden besteht aus Fels.

Tausert   *kein Schacht*

Dieses Grab besitzt, obgleich es fertiggestellt ist, keinen Schacht, der Boden des Raumes besteht aus Fels.

Siptah   *kein Schacht*

Das Grab ist nicht fertiggestellt. Nach dem 1. Pfeilersaal sind die Decken und Wände nur roh behauen, die Sarkophaghalle ist unfertig (es fehlt eine Pfeilerreihe mit 4 Pfeilern) und es gibt keine Nebenräume zur Sarkophaghalle.
Die Untersuchung des Fußbodens in E ergab, daß kein Schacht vorhanden ist.

Ramses III   *Schacht vorhanden, Nebenräume unbekannt*

Der Schacht ist heute bis auf wenige Zentimeter aufgefüllt, damit liegt der Fußboden jetzt etwas tiefer als die angrenzenden Räume. An der Schwelle zu F habe ich im Raum E soweit in die Tiefe gegraben, daß das Vorhandensein eines Schachtes unbekannter Tiefe gesichert ist.
Nur eine Säuberung des Schachtes kann Aufschluß über seine Tiefe und Nebenräume geben.

Ramses IV   *Ramses VII*   *Ramses XI*
Ramses VI   *Ramses IX*

In diesen Gräbern, die gemessen an den vorhergehenden Gräbern hinsichtlich der Raumanlage als unvollendet angesehen werden müssen, ist kein Schacht vorhanden.
Der Schacht in der Sarkophagkammer von Ramses XI wurde in diese Untersuchung nicht einbezogen.

b) Ergebnis der Untersuchung des Schachtes und seiner Nebenräume

1. Die Untersuchung ergibt, daß mit einer Ausnahme in allen in der Raumanlage fertiggestellten Gräbern Schächte vorhanden sind, während die hinsichtlich der Herstellung aller Räume als unvollendet zu bezeichnenden Gräber keine Schächte aufweisen.

Fertiggestellte Gräber

Thutmosis III	—	Schacht zur vollen Dekorierung vorgesehen, ohne Nebenraum
Amenophis II	—	Schacht, mit 1 Nebenraum
Thutmosis IV	—	Schacht, mit 1 Nebenraum
Amenophis III	—	Schacht, mit 1 Nebenraum
Horemheb	—	Schacht unbekannter Tiefe, mit Nebenraum unbekannter Lage
Sethos I	—	Schacht, mit mehreren Nebenräumen unbekannter Lage und Art
Ramses II	—	Schacht unbekannter Tiefe, dekoriert, Umfang der Dekoration nur teilweise bekannt, Nebenraum unbekannt
Merneptah	—	Schacht unbekannter Tiefe, Nebenraum unbekannt
Ramses III	—	Schacht unbekannter Tiefe, Nebenraum unbekannt

Ausnahme:

Tausert — kein Schacht

Unvollendete Gräber

Eje	—	kein Schacht	Ramses VI	—	kein Schacht
Ramses I	—	kein Schacht	Ramses VII	—	kein Schacht
Sethos II	—	kein Schacht	Ramses IX	—	kein Schacht
Siptah	—	kein Schacht	Ramses XI	—	kein Schacht
Ramses IV	—	kein Schacht			

Wenngleich der Bauplan der Gräber ab Ramses IV offensichtlich dem Bauplan entspricht, der für alle Gräber vorher verbindlich war, kann die in diesen späteren Gräbern vorgenommene vollständige Dekoration einzelner Gräber (z. B. R IV und R VI) darauf hindeuten, daß der Raumdekoration der Vorrang vor der Fertigstellung der Raumanlagen als Ganzes eingeräumt wurde.

Durch den nachgewiesenen Zusammenhang von Vorkommen des Schachtes und Fertigstellung der Räume der Grabanlage ergibt sich zwangsläufig, daß der Schacht *vor* der Grablegung und nicht danach — wie bisher angenommen — ausgearbeitet wurde. Sofern nach der bisherigen Annahme die Schachtausarbeitung nach der Grablegung erfolgt wäre, müßte wenigstens bei einem unvollendeten Grab ein Schacht vorhanden sein.

Daß der Schacht nur bei Gräbern, die hinsichtlich der Herstellung der Räume vollendet waren, vorkommt, entspricht auch den technischen und zeitlichen Erfordernissen des Baues dieser königlichen Grabanlagen. Die Frist, die zwischen Tod des Königs und Grablegung vorgegeben war, betrug etwa 70 Tage. Der vorzeitige Tod des Königs verlangte bei unfertigen Grabanlagen alle Arbeiten in kürzester Frist so durchzuführen, daß die Grabanlage wenigstens den unabdingbaren religiösen Vorstellungen entsprach. Allein aus Zeitgründen mußte deshalb die für eine königliche Grabanlage vorgeschriebene Raumart und -folge im weiteren Ausbau aufgegeben werden und das Fehlende durch Dekorationen (den von mir deshalb sogenannten „Notdekorationen" in unvollendeten Gräbern ist später ein gesonderter Abschnitt gewidmet), Grabausstattungen oder Ritual ersetzt werden. Selbst die vollendeten Grabanlagen beweisen, daß nach dem Tod des Königs unwesentlich erscheinende, nicht vollständig ausgeführte Details nicht mehr fertiggestellt wurden.

Unvorstellbar wäre, daß der Schacht Ramses II etwa *nach* der Grablegung gearbeitet wurde. Seine Tiefe ist zwar unbekannt, jedoch ist anzunehmen, daß er der bekannten Tiefe von ca. 7,50 m ab ursprünglichem Raumniveau entspricht. Ohne den oder die Nebenräume auszuarbeiten, wären ca. 100 m³ Fels sorgfältig herauszuschlagen gewesen; die Reliefarbeit hätte die Bearbeitung von ca. 115 m² Wandfläche erfordert.

Für diese Arbeitszeit hätte die Grabanlage nach der Grablegung offengehalten werden müssen. Im nachfolgenden Abschnitt wird nachgewiesen, daß zur Zeit Ramses II der Ein- und Ausgang zum Raum E nicht mehr vermauert, sondern durch Holztüren verschlossen wurde. Die Annahme, daß unterhalb dieses leichten Verschlusses derart langwierige Arbeiten durchgeführt wurden, ist absurd.

Die Feststellung, daß die Schächte und ihre Nebenräume *vor* dem Begräbnis, nach Fertigstellung der groben Steinmetzarbeiten, möglicherweise nach Dekoration des Raumes E, gearbeitet wurden, ist durch die vorgenommenen Untersuchungen begründet.

2. Ferner ergibt diese Untersuchung, daß in zwei Fällen — Thutmosis III und Ramses II — der Schacht zur Dekorierung vorbereitet oder dekoriert war.

3. Alle Schächte sind sorgfältig gearbeitet und nehmen den gesamten Raum E in Länge und Breite ein, so daß der ehemalige Fußboden gleichsam auf die Schachtsohle verlegt wurde.

4. Bei allen gesäuberten Gräbern sind ein oder mehrere Nebenräume, die vom Grund des Schachtes abgehen, vorhanden. Ausnahme Thutmosis III, bei dem das Vollenden des Schachtes und damit des Nebenraumes durch einen Felsbruch verhindert worden zu sein scheint. Es kann deshalb davon ausgegangen werden, daß auch bei den nicht ausgegrabenen Schächten Horemheb, Ramses II, Merneptah und Ramses III ein oder mehrere Nebenräume erwartet werden können.

5. Die Nebenräume sind sorgfältig gearbeitet. Der Nebenraum Amenophis III hat einen besonderen L-förmigen, nachweislich so gewollten Grundriß.

6. Die Lage der Nebenräume zum Schacht ist äußerst unterschiedlich:

Amenophis II — rechte Wand
Thutmosis IV — Ausgangswand zu F
Amenophis III — Eingangswand

Auffällig ist, daß diese unterschiedliche Lage jeweils mit der Lage der Sarkophaghalle korrespondiert. Diese Nebenräume liegen stets in entgegengesetzter Richtung der Sarkophaghalle.

Daß diese Lage rein zufällig ist, scheint deshalb höchst unwahrscheinlich, weil bei den aufgeführten 3 Gräbern jeweils eine abweichende Achsenverschiebung vorliegt, so daß sich in allen drei Fällen die unterschiedliche Lage dieser Nebenräume aus der Raumachse der Sarkophaghalle erklärt (siehe Pläne A–F).

7. Das Grab Tausert bildet eine Ausnahme. Es ist vollendet und hat dennoch keinen Schacht. Die Sonderstellung dieses Grabes wird in einem späteren Abschnitt behandelt.

3. Der Verschluß des Schachtraumes (E)

Thutmosis III

Der Durchgang vom 3. Korridor (D) zum Schachtraum (E) war wahrscheinlich ebenso vermauert, wie der Durchgang von E zum 1. Pfeilersaal (F). Spuren der Vermauerung sind nicht mehr erkennbar.

Bei dem Ausgang zu F ist offensichtlich beim Durchbrechen der Vermauerung ein Teil des Sturzes zerstört worden. Die in Raum F sichtbare Aussparung in der Dekoration für diesen Durchgang ist in der Höhe und an einer Seite nicht voll ausgenutzt worden (siehe Zeichnung).

Im Raum E wurde der Durchgang zu D im Putz ausgespart, so daß der Weg zum Grabeingang voll sichtbar blieb; die weiße Bemalung der Wand endet hier seitlich des Durchganges in einer sauberen senkrechten Linie.

Der Durchgang zu F war nach der Vermauerung sorgfältig verputzt, in der gleichen Weise wie die übrigen Wände mit der Grundfarbe versehen und die ḫkr-Borde farbig aufgesetzt. Eine sorgfältige Untersuchung ergab, daß die ḫkr-Borde an der

Stelle des Durchganges zu F zweimal aufgetragen worden ist. An den Stellen, an denen der untere Teil der ḫkr-Borde durch den Durchbruch zerstört worden ist, zeigen im Anschnitt des Putzes verschiedene Stellen die ursprünglichen Farben der unteren ḫkr-Borde.

Demnach war vor der Vermauerung die jetzt sichtbare ḫkr-Borde an dieser Stelle bereits vorhanden. Sichtbar ist ferner der im Abstand von der Durchbruchstelle verlaufende Ansatz des neuen, sich zur Mitte des Durchbruches verdickenden Putzes (Auftrag hier etwa 5 mm), welcher die gleich angeordnete neu aufgetragene ḫkr-Borde trägt.

Die ḫkr-Borde seitlich des Durchbruches ist sorgfältig gemalt, die Ansätze der Neuverputzung und Übermalung sind nur bei genauer Beobachtung sichtbar. Die Qualität der übermalten ḫkr-Borde ist jedoch im Vergleich zu der ursprünglichen Malerei erheblich flüchtiger.

Amenophis II

Der Eingang zu E war wahrscheinlich vermauert, der Ausgang des Schachtraumes E zeigte beim Auffinden des Grabes noch Teile der Vermauerung (s. II/4b). Spuren dieser Mauern sind jetzt nicht mehr vorhanden. Die Eingangswand ist nicht verputzt und bemalt, an der linken und rechten Wand des Raumes ist mit dem Putz und dem Auftragen der ḫkr-Borde begonnen worden. Bei beiden Seiten nimmt der

Putz nur etwas mehr als die obere Hälfte der ursprünglichen Raumhöhe ein, darunter beginnt der nackte Fels.

Von der Ausgangswand zu F ist der Putz zu ⁴/₅ in der Breite voll ausgeführt und reicht von der Decke bis zum ursprünglichen Raumfußboden. Der aufgetragene Putz ist mit weißer Farbe flächig bemalt. Die ḫkr-Borde ist an dieser Seite voll vorhanden.

Der Durchbruch zu F ist unregelmäßig in der Form und zerstört den unteren Teil der ḫkr-Borde, ohne daß gleiche Übermalungen wie bei Thutmosis III erkennbar sind.

Durch die unvollständige Verputzung und Bemalung dieses Raumes — nur die etwas erweiterte Fläche des Durchganges zu F war fertig — mußte für jeden Eindringling sofort erkennbar sein, daß nur hinter der einzigen fertig verputzten Fläche der weitere Zugang zu den unteren Grabräumen liegen konnte.

Dieses Grab zeigt deutlich die Unhaltbarkeit der Auffassung, daß der Schacht gegen das Eindringen von Grabräubern gebaut worden ist. Die außerordentliche Mühe, einen Schacht von ca. 7 m Tiefe mit einem großen Nebenraum zu bauen, dann jedoch durch entsprechende Bearbeitung der Wände direkt darauf hinzuweisen, an welcher Stelle durchzubrechen wäre, um an die Kostbarkeiten des Grabschatzes zu gelangen, wäre dann vergeblich gewesen.

Thutmosis IV

Der Eingang zum Schachtraum war wahrscheinlich vermauert, die Vermauerung des Ausgangs ist nachgewiesen. Der Eingang ist im Raum E dadurch markiert, daß die ḫkr-Borde beidseitig vor dem Durchgang endet.

Die Untersuchung des Durchganges zu F ergab:

Von den 39 ḫkr-Zeichen sind auf der rechten Seite der Ausgangswand zu F 14 Zeichen vollständig ausgeführt, während auf der linken Seite der Wand, in welcher der Durchgang links versetzt liegt, bei allen weiteren 25 ḫkr-Zeichen die weißen, außerordentlich auffallenden Umrandungs- und Trennungslinien fehlen.

Die Unterkante des Sturzes E/F zeigt in E den deutlichen Abdruck eines „Schalungsbrettes", Holzteile dieses Brettes stecken heute noch im Mörtelbett, die Auflagerungen sind in der linken und rechten Ecke sichtbar.

Im weiteren Verlauf der Sturzkante von E zu F zeigen sich Fingerspuren des Handauftrages und des Verreibens von Mörtel. Die ḫkr-Borde wurde, wie im Grabe Thutmosis III, am Durchbruch zu F zweimal gearbeitet. Oberhalb des Sturzes ist bei dem unregelmäßig abgebrochenen Putz zu erkennen, daß unter dem Putz eine zweite bemalte Putzschicht liegt. Putzteile verlaufen an der rechten Ecke des Durchbruches zu F von E etwa 10—12 cm in die Laibung hinein und tragen noch Spuren von Farbspritzern in Grau und Grün, die der Farbe der ḫkr-Borde entsprechen. Weitere Mörtelreste sind innerhalb der Laibung im Durchgang E zu F nicht zu erkennen. Es ist nicht feststellbar, ob die teilweise Zerstörung des Anubis links des Durchganges bei der Zerstörung der Vermauerung oder zu einem anderen Zeitpunkt erfolgte.

Aus diesen Spuren im Durchgang zu F ist zu folgern, daß vor der Grablegung die ḥkr-Borde oberhalb des Durchganges zu F fertiggestellt worden ist und der Putz von einem Brett gehalten wurde. Nach dem Begräbnis wurde der Durchgang vermauert, in E erneut überputzt und mit der ḥkr-Borde erneut bemalt.

Die Vermauerung kann keine vollständige innige Verbindung mit den seitlichen Felsteilen der Laibung und des Sturzes gehabt haben, da sonst die vorerwähnten Spuren bei dem späteren Herausreißen der Vermauerung vernichtet worden wären.

Die Ausführung der ḥkr-Borde ohne weiße Lineatur im Bereich des Durchbruches weist deutlich auf die Durchbruchstelle hin.

Die Wiederholung der zweifachen Bemalung dieser Durchbruchstelle nach Thutmosis III scheint auszuschließen, daß es sich hier um eine Arbeit des Maja handelt, der im 8. Regierungsjahr des Horemheb nach der bekannten im Vorraum zur Sarkophaghalle an der Wand vorgefundenen Inschrift das Grab Thutmosis IV „inspizierte". (Urkunden IV, 2170 f.)

Amenophis III

Der Eingang zu E war wahrscheinlich, der Ausgang nachweisbar vermauert. In E war der Durchgang zu D und damit der Weg zum Eingang des Grabes dadurch markiert, daß die ḥkr-Borde links anschließend endet. Die Eingangswand ist außer dieser Borde und der flächigen Grundbemalung nicht dekoriert. Aus einem nicht zerstörten Teil der Decke ist erkennbar, daß zumindest an einer Stelle die gestirnte Decke etwa 5 cm in den an dieser Seite deckengleichen Sturz des Durchganges E/D hineinreicht. Ob die Vermauerung des Durchganges E/D bündig mit der Wand in E abschloß, oder etwas zurückgesetzt wurde, ist jedoch nicht erkennbar.

Der Durchgang zu F war entsprechend den anschließenden Teilen der Wand zu F voll mit Götterfiguren und Texten durchdekoriert.

Spuren ähnlicher Art wie in Thutmosis III oder Thutmosis IV konnten von mir nicht festgestellt werden.

Eje

Die Vermauerung des Ein- und Ausgangs in E ist anzunehmen, jedoch nicht einwandfrei zu belegen. An der Unterkante des Sturzes D/E ist zum Korridor hin im Putz der Abdruck eines „Schalungsbrettes" festzustellen.

Offensichtlich liegt hier eine Felsausbesserung vor, wie sie ebenfalls innerhalb der Laibung rechts vorgenommen worden ist.

Rechts des Durchganges in D sind ebenfalls Putzspuren erkennbar. Sofern dieser Durchgang vermauert wurde, kann die Verbindung zur Laibung nur sehr lose gewesen sein, da sonst die obigen Putzspuren mit ihren glatten Oberflächen beim Durchbrechen zerstört worden wären.

Der Putz ist von der angrenzenden Sarkophaghalle in die Laibung des Durchganges zu E durchgezogen worden, wie an den Oberkanten des Durchganges noch sichtbar ist. Die sicher vorhandene Blockierung wird deshalb wahrscheinlich nicht die volle Tiefe der Laibung eingenommen haben und schloß nicht bündig mit dieser Wand in der Sarkophaghalle ab. Da der Raum E nicht verputzt oder bemalt war, mußte der Durchgang zur Sarkophaghalle sichtbar sein.

Horemheb

Die Vermauerung des Einganges zu E ist anzunehmen, jedoch nicht zu belegen, die des Ausganges zu F noch heute erkennbar. Die Kanten des Durchganges D/E in E sind im Putz völlig unzerstört, so daß es eine nicht mit der Eingangswand bündige Vermauerung gegeben haben kann, sonst wären diese Kanten beim Durchbruch zerstört worden. Darüber hinaus ist die gestirnte Decke des Schachtraumes in den Durchgangssturz D/E, der auf Deckenhöhe liegt, hineingezogen worden.
Von der rechten Kante des Durchganges in E beginnend zieht sich in schräg verlaufender Linie die Deckenmalerei bis zum Anschluß der linken Laibung 12 cm in den Sturz hinein.
Nach dieser Abschlußlinie folgen die Maßeinteilungen der Handwerker für das Ausfluchten der Sterne in der Decke des Schachtraumes. Diese Maßeinteilungen bestehen aus je 37,5 cm entfernt stehenden Kreuzen (dieser Abstand von 37,5 cm entspricht genau der ägyptischen Meßeinheit von 5 Handbreit), deren Zwischenraum durch Striche diese Hauptmarkierungen in Zehnergruppen teilen. Weder das in den Sturz hineinragende Deckenteil, noch die Markierungen (sie ragen weitere 3 cm in den Sturz hinein) zeigen im Vergleich zur Decke in E irgendwelche Veränderungen (z. B. farblich), so daß eine Vermauerung an dieser Stelle ausgeschlossen werden kann. Der Durchgang zu D ist in E sorgfältig durch beidseitige farbige Seitenleisten markiert.
Der Durchgang zu F war vermauert, bündig mit der Wand verputzt und bemalt. An der unteren Kante des Durchbruches sind noch heute beidseitig Blöcke sichtbar, die zur Vermauerung gedient haben und die fortlaufende Malerei der Wand (Abschlußleiste) aufweisen. In der linken Laibung sind noch Reste des Mörtels sichtbar, wahrscheinlich Teile des anstoßenden Fugenmörtels. Ob dieser Durchgang in voller Tiefe (106 cm) vermauert war, ist nicht erkennbar, die Mörtelspuren reichen nur 50 cm in die Laibung hinein, die noch vorhandenen Blöcke haben eine Tiefe von 40 cm.
Der Raum E ist erstmalig im Tal der Könige in Relief ausgeführt. Die Stelle des Durchbruchs zu F jedoch in 2,53 m Breite (über dem Durchgang gemessen) nur in einer flüchtigen, in den Farben abweichenden Malerei ohne Relief ausgeführt worden, wie beidseitig des Durchbruchs gut erkennbar ist. Über dem Durchgang fehlen die weißen Sterne in der hkr-Borde, in der linken Raumecke zum Durchgang fehlt die senkrechte in den anderen Raumecken vorhandene Seitenleiste. Damit war die Stelle, an welcher der „verborgene Durchgang" zu den weiteren Grabräumen lag, sofort erkennbar.

Sethos I

Wie in vielen Teilen gleicht das Grab Sethos I auch im Raum E dem von Horemheb. Die Vermauerung des Zugangs zu E ist nicht belegbar, die Vermauerung des Ausgangs ist durch Belzoni (s. Seite 11 f.) bezeugt.

Die Dekoration dieses Raumes ist in Relief ausgeführt, nicht jedoch die Durchbruchstelle zu F. Rechts vom Durchgang, unterhalb der ḥkr-Borde, ist noch ein kleines Teilstück erkennbar, welches nur in Malerei ausgeführt ist und durch eine senkrechte Zeilentrennlinie in Relief von der anderen Reliefarbeit sehr geschickt getrennt wird. Links vom Durchgang ist die nur in Malerei ausgeführte Isis. Links der Figur fehlt die senkrechte Seitenleiste, welche sonst in allen Raumecken vorhanden ist.

Die heutige Breite des Durchganges entspricht der vor der Vermauerung, da im folgenden Raum F der Durchgang zu E durch unmittelbar an der Durchgangskante bestehende senkrechte Seitenleisten markiert ist.

Wie bei Horemheb war somit der „verborgene Durchgang" zu F voll sichtbar.

Ramses II

Der Raum E ist erstmalig im Tal der Könige nicht vermauert, sondern durch Türen verschlossen worden. Die Laibungen der Durchgänge sind erstmalig dekoriert (Relief).

Durchgang D zu E	links	[Nephthys] vor dem Horus-Namen des Königs
	rechts	Isis vor der Kartusche des Königs
Durchgang E zu F	links	Geier auf Korb über [oberägyptischer Wappenpflanze]
	rechts	[Schlange auf Korb] über unterägyptischer Wappenpflanze

Über dem Sturz des Durchganges D/E ist in der letzten Raumecke des Korridors links die Auflagerungsaussparung im Fels für einen Türbalken sichtbar. An der korrespondierenden Stelle rechts habe ich in der versandeten Ecke die gleiche Aussparung gefunden. In F ist unmittelbar neben dem Durchgang zu E in der Ecke das sorgfältig gearbeitete Loch für einen Türzapfen sichtbar. Das korrespondierende Loch für den Türzapfen im Boden konnte ich nicht freilegen, da an dieser Stelle der Schutt fast noch in Raumhöhe steht, wie ebenfalls die linke Seite noch vollständig verschüttet ist. Die Stürze und Laibungen beider Durchgänge sind so stark zerstört, daß weitere Spuren verloren sind. Der Befund ergibt jedoch einwandfrei, daß nunmehr die Vermauerung aufgegeben, die Laibungen dekoriert sind und der Raum E von den anschließenden Räumen D und F durch Türen verschlossen worden ist.

Merneptah

Bei dieser Grabanlage wurde offensichtlich eine Änderung zu einem späten Zeitpunkt des Ausbaus vorgenommen. Alle Durchgangslaibungen einschließlich des Einganges zum Raum I wurden bis auf die Korridorbreiten abgeschlagen, um den rechts im Raum I abgestellten riesigen Sarkophagdeckel bis hierher in das Grab hineinbringen zu können. Dieser Sarkophagdeckel hat eine Breite von 2,21 m, so daß die vorhandenen Korridorbreiten von 2,62 bis 2,65 m nach Abschlagen der Laibungen knapp ausreichen, um dieses durch sein Gewicht schwer zu handhabende Teil bis zum jetzigen Standort zu bringen. Die dem Raum I nachfolgenden Laibungen wur-

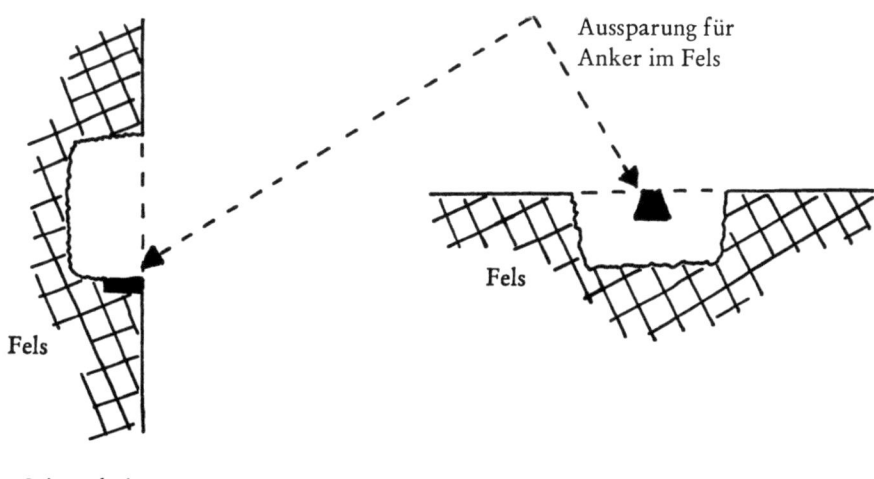

Seitenschnitt   Aufsicht

den nicht abgeschlagen. Heute ist der ehemals den 3. Korridor (D) und den Raum E abgrenzende Durchgang ebenso abgeschlagener roher Fels, wie der Durchgang zwischen Raum E und 1. Pfeilersaal (F).
In diese vier rauhen, abgeschlagenen senkrechten Felsstreifen sind jeweils zwei

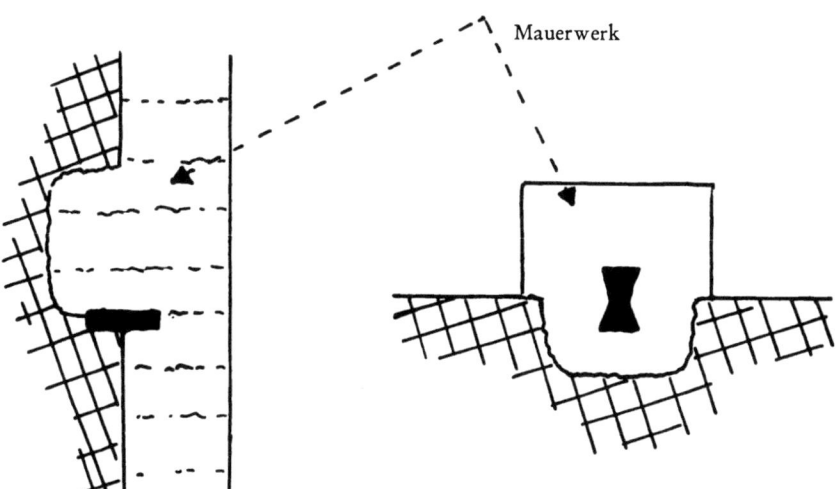

Zustand nach Rekonstruktion

Löcher gearbeitet, deren Unterkanten eine schwalbenschwanzförmige Aussparung zeigen (s. Skizze).

Es besteht kein Zweifel, daß diese schwalbenschwanzförmigen Aussparungen zu Verankerungen dienten; ähnliche Steinverankerungen sind aus dem ägyptischen Tempelbau bekannt. Sie waren in diesem Falle dazu erforderlich, die wiederum aufgemauerten Laibungen zu halten.

Ohne die in der Skizze veranschaulichte Verankerung wären die aufgemauerten Laibungen von nur 45 cm Breite und 30 cm Tiefe bei einer Höhe von mehr als 4 m nicht standfest gewesen.

Die Aufmauerung der Laibungen ist noch einwandfrei an der Decke zu erkennen. Im Durchgang von D zu E ist links oben an der Decke, anschließend an den rohen Felsstreifen der Abdruck des Mauerwerkes und an der rechten Seite sind noch Mörtelbrocken der Aufmauerung sichtbar.

Erstmalig ist in diesem Grab die Gestalt des Raumes verändert worden.

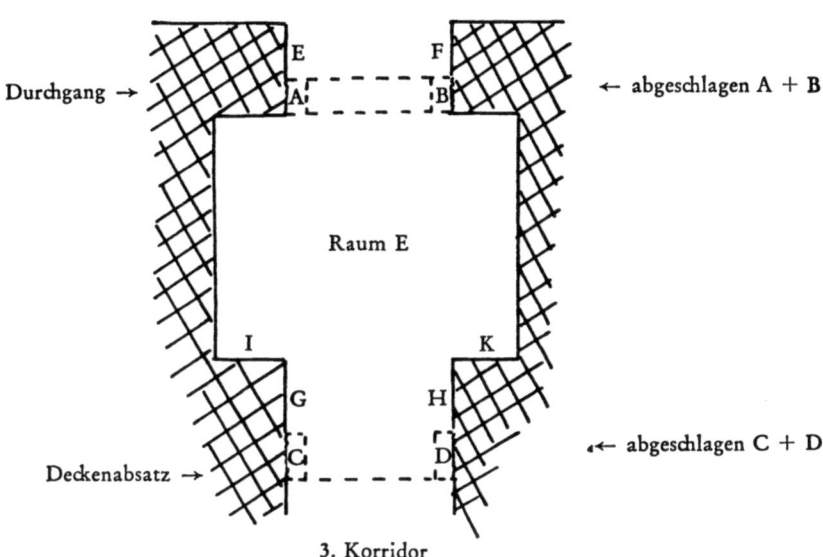

Nach den abgeschlagenen Laibungen zwischen D und E folgt ein Raumteil in Korridorbreite und ca. 60 cm Länge. Daß dieses Teil dem Raum E zuzurechnen ist, ergibt sich aus der einheitlichen Deckenhöhe, welche mit der Vorderkante des Sturzes am Ende des Korridors D beginnt (s. Skizze).

Diese kurzen Wandstücke (G und H) sind ebenfalls erneut hergestellt worden. Dieses ist dadurch erkennbar, daß die anschließenden Schmalseiten des Raumes E (I und K) unvollständige (abgeschnittene) Texte und Darstellungen aufweisen. Sie sind später am Rand neu überputzt worden. Die kurzen Wandstücke (G und H) wurden ebenfalls neu verputzt und bemalt, wie aus der Einheitlichkeit des um die Raumkante gezogenen Putzes hervorgeht.

Am Sturz im Korridor D zu E ist ein Holzbalken eingelassen gewesen, wie die Auflagerungen im Fels zeigen. In der Decke ist nach der aufgemauerten Laibung (Durchgang E/F) rechts ein Türzapfenloch. Auf der linken Seite ist ein solches Loch nicht sichtbar, hier ist die Decke heruntergebrochen. Dieser Befund ergibt, daß der Raum E im Ein- und Ausgang mit Türen verschlossen war, wäre doch sonst das Aufmauern der Laibungen sinnlos gewesen.

Sethos II

Wie in dem vorhergehenden Grab Merneptah ist zwischen dem Durchgang vom 3. Korridor (D) und dem Raum E ein erweiterter korridorähnlicher Teil von 63 cm Länge gesetzt. Im Gegensatz zu Merneptah ist jedoch die Decke dieses kurzen Gangteils etwas niedriger als die des Raumes E. In den Ecken dieses Gangteils zu D befinden sich Türzapfenlöcher und in der rechten Ecke im Fußboden eine Aussparung, die als Türanschlag gedient haben kann. Demnach war der Eingang zum Raum E durch eine Doppeltür verschlossen. Am Durchgang von E zu F oder seitlich in F habe ich keine Spuren eines Türverschlusses feststellen können. Eine Vermauerung des Ein- oder Ausganges von E kann es deshalb nicht gegeben haben, weil sämtliche Laibungen (auch die vorerwähnten 63 cm kurzen Wandstücke) mit einem feinen, gut geglätteten, braunen Putz versehen sind.

Dieser Feinputz ist gleichzeitig mit dem jetzt weiß übermalten Putz des Raumes E gearbeitet worden, wie die unversehrten Raumkanten und Farbspritzer auf den nicht bemalten Laibungen beweisen.

Tausert

Wie bei Merneptah gibt es nach dem Durchgang von D ein hier 54 cm langes, korridorähnliches Raumteil, welches die gleiche Deckenhöhe wie der Raum E aufweist. Anders als bei Merneptah springt der Durchgang nicht vor, sondern liegt in der gleichen Wandebene, wie das folgende kurze Wandteil von 54 cm. Es ist möglich, daß eine Planänderung vorliegt. Das Wandstück von 54 cm ist in Relief gearbeitet, während danach der nur durch dicken, weiß bemalten Putz als Laibung erkennbare Durchgang hergestellt wurde. Putz- und Farbspuren auf den Reliefteilen beweisen eindeutig, daß eine nachträgliche Verputzung vorliegt. Diese Laibungen tragen auf weißem Grund dunkelblaue (oder verblaßte schwarze) Texte und des Königs Kartusche.

Die gleiche Anordnung und offensichtliche Änderung ist im Ausgang zu F vorhanden. Die Laibung des Durchganges liegt in gleicher Ebene wie ein nachfolgendes kurzes in den Raum F führendes Gangteil von 48 cm Länge.

Weder in D oder F, noch in den Durchgängen oder kurzen Gangteilen sind Anzeichen von Türbalkenauflagerungen oder Türzapfenlöcher vorhanden. Ob der Raum verschlossen war, ist damit nicht mehr feststellbar.

Eine Vermauerung des Raumes scheidet wegen der unbeeinträchtigten, alle Wandteile und Durchgangslaibungen bedeckenden Dekoration, aus.

Siptah

Der schlechte Zustand dieses Grabes läßt eine Feststellung über den Verschluß des Raumes E nicht zu. Sämtliche Laibungen und Stürze bestehen nur noch aus geborstenen Felsfragmenten.

Ramses III

Die Anordnung des Ein- und Ausgangs zum Raum E entspricht weitgehend der bei Sethos II, d. h. auf die hier vorspringende Laibung des Durchganges D/E folgt ein 65 cm langes Gangteil, auf die direkt an den Raum E anschließende vorragende Laibung E/F folgt ebenfalls ein kurzes Gangteil, welches in den Raum F führt.
Erstmalig schließt jedoch die Decke von E nicht nur das kurze Gangteil zu D, sondern auch den Durchgang D/E mit ein. Ein Tursturz befindet sich daher nur als Deckenabsatz am Ende des Korridors D, während der Durchgang von E zu F durch einen vollständigen, beidseitig ausgebildeten Sturz begrenzt wird.
Alle Laibungen und Wandteile sind mit Relief versehen, eine Vermauerung ist deshalb im Ein- und Ausgang auszuschließen. Spuren eines Verschlusses durch Türen (Zapfenlöcher oder Balkenauflagerungen) sind zwischen D und E trotz guterhaltener Decke und freiliegendem Boden nicht erkennbar.
Nach dem Durchgang von E/F sind unmittelbar in den Ecken Türzapfenlöcher in der Decke und in Richtung F abgeflachte Löcher im Boden vorhanden. (Die Abflachung war wohl erforderlich, um die Türen genau passend einsetzen zu können.)

Ramses IV

Ramses IV kehrt zu der einfachen Gestalt des Raumes E ohne zusätzliche Gangteile zurück; dieser Raum ist durch direkt an den Raum anliegende Durchgänge mit heruntergezogenen Stürzen und vorspringenden Laibungen wieder zu einem Rechteck geworden.
Die Laibungen sind sämtlich dekoriert und unbeschädigt, so daß eine Vermauerung ausgeschlossen ist.
Wie bisher wurde der Raum von F aus durch Türen verschlossen, wie Zapfenlöcher nach dem Durchgang E/F in der Decke beweisen. Erstmalig muß der Verschluß des Raumes E im Raum selbst vorgenommen worden sein. Beidseitig des Durchganges D/E befinden sich in der Decke in E Türzapfenlöcher.
Diese einmalige Verschlußform kann durch eine Planänderung erforderlich geworden sein.
Um den riesigen ca. 17 m³ umfassenden Sarkophag in die Sarkophaghalle zu bringen, wurde, vom 3. Korridor bis zum Standort des Sarkophages, eine schräg nach unten führende Rampe vertieft auch durch den Boden des Raumes E geschlagen.

Ramses VI

Der Raum E ist wie bei Ramses IV durch Durchgänge abgeschlossen. Alle Teile sind mit Relief versehen, so daß eine Vermauerung ausscheidet.
Weder in D, E, F noch in den Durchgängen sind Verschlußmerkmale feststellbar.
Dagegen sind der erste und zweite Korridor nach den Durchgängen durch Doppeltüren verschlossen gewesen, wie Zapfenlöcher in den Decken ausweisen.

Ramses IX

Der Raum E ist durch direkt anschließende Durchgänge von D und zu F abgeschlossen.
Der Sturz des Durchganges D/E ist heruntergebrochen, so daß Einzelheiten über einen Verschluß durch Türen nicht mehr sichtbar sind.
Eine Vermauerung des Durchganges D/E und E/F ist auszuschließen, da die Laibungen mit Relief versehen sind.
Nach dem Durchgang E/F sind in F in der Decke Zapfenlöcher sichtbar, so daß der Raum E von F aus mit einer zweiflügeligen Tür verschlossen gewesen sein muß.

Ramses XI

Dieses Grab ist nicht fertiggestellt. Die Wände von E und die Durchgänge D/E und E/F sind noch grob behauener Fels ohne Feinbearbeitung. Verschlußmerkmale des Raumes E sind nicht festzustellen.

Zusammenfassung der Untersuchung über den Verschluß des Schachtraumes

Die Untersuchung ergibt, daß von Thutmosis III bis Sethos I der Schachtraum vermauert, von Ramses II bis Ramses XI durch Türen verschlossen wurde.

Thutmosis III – Sethos I

Thutmosis III	D/E	wahrscheinlich vermauert, Durchgang sichtbar
	E/F	vermauert, verputzt, bemalt, Durchgang schwach erkennbar
Amenophis II	D/E	wahrscheinlich vermauert, Durchgang sichtbar
	E/F	vermauert, verputzt, bemalt, Durchgang erkennbar

Thutmosis IV	D/E	wahrscheinlich vermauert, Durchgang sichtbar
	E/F	vermauert, verputzt, bemalt, Durchgang erkennbar
Amenophis III	D/E	wahrscheinlich vermauert, Durchgang sichtbar
	E/F	vermauert, verputzt, bemalt, Durchgang wahrscheinlich nicht erkennbar
Eje	D/E }	der Raum E wurde nicht verputzt, Ein- und Ausgang mußten deshalb sichtbar sein
	E/F }	
Horemheb	D/E	Vermauerung nicht nachzuweisen, jedoch wahrscheinlich, in E war D/E markiert
	E/F	vermauert, verputzt, bemalt, Durchgang erkennbar
Sethos I	D/E	Vermauerung nicht nachzuweisen, jedoch wahrscheinlich, in E war D/E markiert
	E/F	vermauert, verputzt, bemalt, Durchgang erkennbar

Ramses II – Ramses XI

In allen Gräbern ab Ramses II wurde der Raum E nicht mehr vermauert, sondern wahrscheinlich stets durch doppelflügelige Türen verschlossen. Das System, die Türen im Fels zu verankern, muß unterschiedlich gewesen sein. Nicht überall, wo es die Raumart erforderte, sind Balkenauflagerungen und Löcher für die Türzapfen festzustellen.

Das Ergebnis der Untersuchung ist wie folgt zusammenzufassen:

1. Der Verschluß des Raumes E am Ende des 3. Korridors ist wahrscheinlich durch eine Mauer vorgenommen worden. In E wurde dieser Durchgang in der Bemalung ausgespart, resp. markiert. Ab Ramses II wurde der Raum an dieser Stelle mit einer zweiflügeligen Tür verschlossen.

2. Der Verschluß des Raumes E zum 1. Pfeilersaal wurde bis einschließlich Horemheb vermauert, verputzt und bemalt. Die bisherige Annahme, daß dieser Verschluß so gestaltet wurde, daß ein unberufener Eindringling unmöglich den Zugang zu den weiteren Teilen der Grabanlage finden konnte, ist durch diese Untersuchung widerlegt. Von sieben Gräbern war die Stelle des „verborgenen" Zugangs bei fünf Gräbern sofort und deutlich erkennbar, bei einem weiteren (Thutmosis III) bei sorgfältiger Betrachtung der Wände aufzufinden, und nur beim Grabe Amenophis III dürfte die Kaschierung vielleicht vollständig gewesen sein.

Mit Ramses II wurde der Verschluß durch Vermauerung vollständig aufgegeben; an seine Stelle traten doppelflügelige Türen.

3. Der Verschluß durch Türen wurde zumeist vom 3. Korridor, resp. stets vom Raum F aus vorgenommen. Die Ausnahme im Grabe Ramses IV (Verschluß in E zum 3. Korridor) war aus technischen Gründen wegen einer Planänderung erforderlich geworden.

Der Verschluß des Raumes E von außen scheint als technisch erforderlich, um bei vorhandenem Schacht die Türen verschließen zu können. Der Schacht — wie nachgewiesen vor der Grablegung ausgehauen — war demnach mit einem Steg überbrückt. Es wäre deshalb schwierig gewesen, die Türen, die dann frei in den Schachtraum ragten, zu schließen.

Dieser Schwierigkeit wurde bei den Gräbern Merneptah, Sethos II, Tausert und Ramses III (nach den Plänen auch bei Amenmesse) dadurch begegnet, daß zwischen dem Durchgang D/E und dem Schachtraum, sowie nach dem Durchgang E/F je ein kleines Korridorstück angefügt wurde, offensichtlich um die Türen weder in den 3. Korridor noch in den 1. Pfeilersaal voll hineinragen zu lassen. Die geöffneten Türen lagen dann an diesen kurzen Korridorwänden an (s. Skizze).

Bei Ramses IV, VI, IX und XI ist dieses kurze Korridorstück in gleicher Weise, jedoch nur zum 1. Pfeilersaal hin vorhanden.

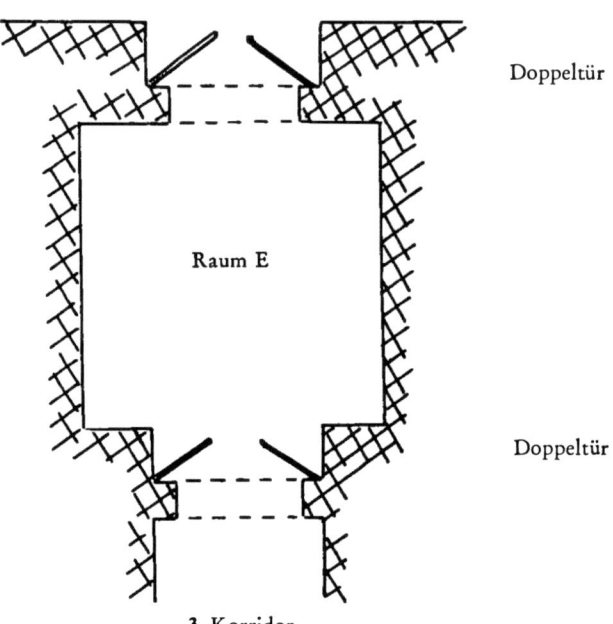

4. Von Thutmosis III bis Sethos I liegen sich Ein- und Ausgang von E nicht gegenüber. Außer bei Eje ist der Zugang zu F gegenüber dem Eingang D/E stets links versetzt. Bei Eje ist E/F nach rechts versetzt. Offenbar hängt diese Verschiebung mit der Lage des 1. Pfeilersaals zusammen. Sobald sich der Raum F von E aus gesehen nach links wendet, ist der Durchgang nach links versetzt (dieses gilt auch für Horemheb und Sethos I, bei denen der Ausgang von F links versetzt ist), wendet sich der Raum F nach rechts (Eje, jetzt Sarkophaghalle), ist der Durchgang nach rechts versetzt, verläuft der Pfeilersaal in der Achse der Korridore, sind auch die Durchgänge von E axial gesetzt.

5. Der Schachtraum wird insgesamt durch den Verschluß als besonderer Teil der Grabanlage hervorgehoben. Außer der Separierung der Sarkophaghalle durch Verschluß des Einganges und der Nebenräume ist kein Raum innerhalb der Grabanlage stets so vollständig verschlossen gewesen wie der Raum E.

Der Verschluß des aus dem Raum F führenden Korridors ist ab Ramses II (der Abgang wurde in die Mitte des Raumes gelegt) aufgegeben worden, der Verschluß von Korridorteilen ist wohl als Ausnahme anzusehen.

4. Die Blockierung der drei Eingangskorridore

Grabschächte und Zugangskorridore zu Grabkammern wurden im alten Ägypten in der Regel mit Geröll oder Schutt vollständig aufgefüllt. Die Berichte über den Zustand der Eingangskorridore der Königsgräber im Biban-el-Moluk bei der Wiederentdeckung sind nachstehend zusammengefaßt:

a) *Thutmosis III*

Loret schreibt in BIE, 9, 1899, S. 92 f.:

« Il fallut plusieurs heures pour ouvrir, sous le linteau de la porte, un passage par où pût se glisser un homme. »

« Un trou noir, très bas, s'ouvre au fond de la gorge: c'est l'entrée du tombeau, c'est la porte dégagée à sa partie supérieure. Une chaleur intense et une odeur étrange sortent de ce trou comme d'une fournaise mystérieuse. On y pénètre. Brusquement, le sol, formé de durs et anguleux éclats de calcaire, descend en formant une pente de quarante-cinq degrés. On se laisse glisser sur le dos, sur le ventre, comme on peut. On a peine à se retenir, soit sur le lit de blocs mouvants qui glissent avec vous, soit aux aspérités du plafond en pente, où les ongles trouvent difficilement une place pour s'accrocher. Au bout d'une vingtaine de mètres, le vide. Un puits, quatre fois plus large que le corridor, barre la route. Il faut franchir ce puits, profond de cinq ou six mètres et large de quatre ou cinq. On y fait pénétrer une échelle, à peine assez longue, et l'on atteint, dans l'ombre, le fond du puits, formé de débris éboulés.

Pour continuer la route, il faut, de l'autre côté du puits, en face de l'ouverture par où l'on est entré, atteindre une autre ouverture située à la même hauteur. L'échelle est appliquée sur cette nouvelle paroi. Elle n'atteint qu'à un mètre au-dessous du niveau de l'entrée et l'on grimpe en s'aidant d'une corde attachée à une poutre placée en travers de la porte et oubliée par des voleurs d'autrefois. »

b) *Amenophis II*

Loret, a. a. O., S. 99 f.:

« Le Raïs des fouilles entra le premier, porteur d'une bougie. Je le suivis. De gros blocs de calcaire se hérissaient sous corps, et ce net fut qu'au bout d'une douzaine de mètres que nous pûmes prendre pied, ou à peu près. L'état de la galerie montrait que le tombeau n'était pas vierge. Je m'y attendais, à cause des antiquités brisées trouvées au dehors, mais le Raïs, moins archéologue, en éprouva de la tristesse. Toujours descendant, nous finîmes par

nous trouver au bord d'un puits profond et large, qu'il ne fallait pas songer à franchir. De l'autre côté du puits, au haut du mur, on distinguait vaguement, à la faible lueur de la bougie, une tache sombre qui ne pouvait être que la continuation du tombeau.
... nous atteignîmes à nouveau le rebord du puits.
Une échelle est descendue dans le vide, au moyen d'une corde; l'échelle se trouve trop courte et s'arrête bien au-dessous du niveau où nous nous trouvons. Je descends par la corde pour atteindre le premier échelon et nous arrivons au fond du puits, tout encombré d'éclats de pierre et de fragments de poutre. A droite, le haut d'une porte se montre au-dessus des pierres: c'est probablement l'entrée d'une chambre ou d'une galerie creusée au fond du puits. Peu importe pour le moment. On dresse l'échelle de l'autre côté, devant l'ouverture que j'avais remarquée de loin une heure auparavant. Le Raïs monte avec une bougie; je monte derrière lui. En haut de l'échelle, nous constatons que la porte n'a pas été démurée en entier et qu'il reste les deux ou trois assises inférieures des moellons qui bouchaient l'ouverture.
Une forte branche d'arbre, solidement prise entre les deux montants, avait dû, autrefois, servir aux violateurs pour y attacher une corde. »

c) *Thutmosis IV*

Bericht aus "Tomb of Thoutmôsis IV" by Howard Carter and Percy E. Newberry in Theodor M. Davis, Excavations: Biban-el-Moluk, Westminster 1904 (S. VIII):

"Sliding down the passage over the rubbish for about 30 meters, we found ourselves over a gaping well abstructing further progress.
... Gradually there loomed before us the opposite wall, in which we saw an opening had been cut, and on finding that the well was very deep, we sent for ladders and ropes...

Ropes and ladders having been procured, we with difficulty descended on the one side of the well and ascended on the other (The well having but little rubbish in it) and succeeded then in entering through the hole into a rectangular hall with two columns."

d) *Amenophis III*

Ein verwendbarer Literaturhinweis liegt für dieses Grab nicht vor.

e) *Tut-ench-Amun*

Dieses Grab wird, wie das folgende Grab Nr. 55, in diesen Abschnitt aufgenommen, weil die Blockierung des Eingangskorridors eindeutig ist.

Desroches-Noblecourt, a. a. O., S. 62, bemerkt:

„Am 25. November war diese vermauerte Tür vollständig niedergerissen worden. Nach der 16. Stufe begann ein Korridor von 7,60 m Länge, der in den Fels gehauen und ebenso wie die Treppe mit Schutt angefüllt war. Auch er wies die Spuren heimlichen Eindringens auf, die später mit dunkleren Schuttmassen beseitigt worden waren. Der Gang führte zu einer zweiten Tür, die der Eingangstür ähnelte."

f) *Grab Nr. 55 (Semenchkare?)*

Cyril Aldred, Echnaton, Bergisch Gladbach 1968, IX, S. 153 f.:

„Hinter der zweiten Eingangsmauer mit den Siegeln der Necropoleverwaltung befand sich ein etwa 2 m breiter Korridor. An seinem vorderen Ende war er bis etwa 1 m unter der

Decke, am ungefähr 10 m entfernten jenseitigen Ende bis etwa 2 m unter der Decke mit Kalksteintrümmern verstopft. Auf dieser Steinmasse lag unweit des Eingangs die Seitenwand eines vergoldeten Holzkatafalks und auf ihr eine Tür des selben Schreins, an der noch die hölzernen Angeln befestigt waren. Am Ende des schräg nach unten führenden Zugangskorridors befand sich ein großer rechteckiger Raum von fast 6,5 m Länge, etwa 4,9 m Breite und knapp 4 m Höhe. Von der Schwelle seiner Eingangstür, von der sich eine breite Steintrümmerzunge in sein Inneres vorschob, senkte er sich etwa 1 m in die Tiefe. Auf diesem 2. Abhang von Steinsplittern (jener in das Rauminnere eingedrungenen Geröllzunge) lagen der 2. Flügel der im Korridor gefundenen Tür und ein großer Vasenuntersatz aus Alabaster."

Zu den Kalksteintrümmern des Korridors:

"This rubbish consisted of clean limestone chipping which gave the appearance to never having been moved far from the tomb or left outside for any lenght of time" (dazu Anmerkung 72):
"Partial filling of private tombs with their own chips appears to have been common; and cf. the KV 57 description and that of Sobekemsef II in Dynastie 11." (Thomas, a.a.O., S. 144)

g) *Eje*

Belzoni, a.a.O., S. 123f.:

"I happened to have a stick with me, and on thrusting it into the holes among the stones, I found it penetrate very deep...
(next day): On removing a few stones, we perceived that the sand ran inwards, and, in fact, we were so near the entrance, that in less than two hours all the stones were taken away. I had caused some candles to be brought, and I went in, followed by Arabs."

h) *Horemheb*

Davis, a.a.O., S. 1f.:

"It was necessary to drag ourselves over the stones and sand which blocked the way, with our heads unpleasantly near the rough roof; there was little air, except that which came from the mouth of the tomb 130 feet above, and the heat was stifling. The sand over which we had passed had evidently been put there for the protection of the body of Harmhabi. Beyond the sand we came to an open well or pit, cut vertically in the rock; this was for the purpose of receiving any water, which might find its way from the mouth of the tomb, and to aid the discharge of the water a smaller room had been cut in the rock next the well."

i) *Ramses I*

Belzoni, a.a.O., S. 229:

"Having proceeded through a passage thirty-two feet long, and eight feet wide, I descended a stair-case of twenty-eight feet, and reached a tolerably large and well painted room. I then made a signal from below to the travellers, that they might descend, and they entered into the tomb..."

j) *Sethos I*

Belzoni, a. a. O., S. 231 ff.:

"The Fallahs advanced till they saw that it was probably a large tomb, when they protested they could go not farther, the tomb was so much chocked up with large stones, which they could not get out of the passage and in an hour there was room enough for me to enter through a passage that the earth had left under the ceiling of the first corridor..."

"At the bottom of the pit were several pieces of wood, placed against the side of it, so as to assist the person who was to ascend by the rope into the aperture..."

"I observed some cavities at the bottom of the well, but found nothing in them, nor any communication from the bottom to any other place."

k) *Ramses II*

Dieses Grab war vollständig zugeschwemmt, griechische und römische Inschriften bis in den 1. Korridor wurden vorgefunden.

l) *Merneptah*

Griechische und römische Inschriften im 1. Pfeilersaal.

m) *Sethos II*

Ca. 60 griechische und römische Inschriften im offenen Grab aufgefunden.

n) *Tausert*

Griechische und römische Inschriften im offenen Grab aufgefunden.

o) *Siptah*

Theodore M. Davis, The Tomb of Siptah; the Monkey Tomb and the Gold Tomb, London 1908, S. 13:

"An interesting point, worthy of consideration, is that the cartouches throughout Siptah's tomb have been cut out and again restored, and, since this rubbish completely covered several of the restored cartouches both at the entrance and in the corridor, this rubbish must have been deposited here after the restoration had taken place.
That this rubbish completely filled the entrance is clear, since we found a rough chip-wall built on top of the mound to hold back the rubbish dug out by the next people to enter the place. A deeper passage had then been scooped in the rubbish in the first corridor, the débris being thrown against the west wall, and on top of this rubbish were lying fragments of an alabaster sarcophagus and also a ushabti of Siptah. In the second corridor were found pieces of ushabtis under the stucco which had dropped from the walls."

p) *Ramses III*

Thomas, a. a. O., S. 125:

"The few Greek graffiti suggest that it was little more than open, not fully, or easily accessible throughout, an indication supported by Pococke's only partial plan."

q) *Ramses IV*

Viele griechische und römische Inschriften, Nutzung durch die Kopten.

r) *Ramses VI*

Es gibt in diesem Grab annähernd tausend Inschriften.

s) *Ramses VII — Ramses IX — Ramses XI*

Diese drei Gräber waren frühzeitig offen und zu besichtigen, wie griechische und römische Inschriften beweisen.

Ergebnis der Prüfung über die Blockierung der drei Eingangskorridore

Obgleich die Berichte über die Wiederentdeckung der Gräber Thutmosis III bis Sethos I nur unvollständig über den Verfüllungsgrad der drei Eingangskorridore aussagen, scheint es sehr wahrscheinlich, daß bis Sethos I, nämlich dem Beginn der Dekoration der Korridore, diese vollständig verfüllt wurden oder verfüllt werden sollten. Dieses wird insbesondere durch die Berichte über die Gräber Tut-ench-Amun und Nr. 55 wahrscheinlich, da bei diesen fast unangetasteten Gräbern die Verfüllung sicher ist.
Offensichtlich gab es mit Sethos I später keine Korridorverfüllungen mehr. Solche Verfüllungen wären allein durch den Verschluß des Raumes E durch Türen nicht mehr möglich gewesen. Holztüren waren nicht geeignet, dem aus den Korridoren abwärts einwirkenden Druck der Schuttmassen zu widerstehen.
Die Schächte waren im Gegensatz zu den verfüllten Korridoren frei von Schuttmassen. Deshalb müßte eine Mauer zwischen 3. Korridor und Raum E bestanden haben (siehe Abschnitt II/3, Der Verschluß des Schachtraumes (E)).

5. Materialanalysen

An der Unterkante von Durchgangstürzen in den Gräbern Thutmosis IV und Eje befindet sich eine braune Substanz, die in Hamburg von dem Dipl.-Chemiker Dr. Gustav Meier in seiner Eigenschaft als Sachverständiger für Baustoffe analysiert wurde. Gleichzeitig wurde von ihm eine Untersuchung des Putzmörtels aus dem Grabe Amenophis III vorgenommen.

Die Analysen führen zu folgenden Ergebnissen:

a) *Braune Substanz*

Diese braune Substanz findet sich im Grabe Thutmosis IV
— am Durchgang E/F, nahe der Kante zu E
— am Durchgang I/J, nahe der Kante zum Vorraum I
— an den Durchgängen zwischen Sarkophaghalle und deren Nebenräumen im Grab Eje
— am Durchgang E/F, nahe der Kante zu E
in schmaler, streifenförmiger Gestalt, parallel unter dem Sturz auf dem Stein befindlich. Teilweise haben sich aus dieser braunen Substanz herabhängende Tropfen gebildet, die sich teilweise kristallinisch, teilweise klebrig verformbar anfühlen.
Aus dem Grabe Thutmosis IV wurde am Durchgang von der Sarkophaghalle zum rechten hinteren Nebenraum eine Probe zur Analyse genommen. Die Untersuchung dieser Probe ergab, daß es sich zweifelsfrei um eine organische Substanz, nach Meinung von Dr. Meier höchstwahrscheinlich um ein Baum- oder Wurzelharz, handelt. Damit ist festgestellt, daß es sich nicht um Steinausblühungen, sondern um ein Material handelt, das in das Grab hineingebracht und an diesen Stellen aufgetragen wurde.
Es ist vorstellbar, daß Harz als „Kleber" für die an diesen Stellen eingesetzten Schalungsbretter verwendet wurde. Diese Schalungsbretter hatten offensichtlich den Zweck, den mit dem jeweiligen Sturz abschließenden Putzmörtel im anschließenden Raum an der Sturzkante einen sauberen Abschluß zu geben, da an den fraglichen Stellen die Raumbemalung (z. B. ḫkr-Borde) direkt an der Sturzkante abschließen sollte.
Dieser Aufwand wurde an den Durchgängen E/F nur für die Grablegung selbst betrieben, da diese Stellen anschließend bis Sturzhöhe vermauert und von E aus erneut übergeputzt und bemalt werden sollten, um den Verschluß des Raumes E nach der Grablegung sicherzustellen.
Diese Funktion der braunen Substanz würde dann darauf hinweisen, daß bei Eje schon bei Bearbeitung des Durchganges E/F die sonst übliche Ausgestaltung des Raumes E vorgesehen war.

b) *Putzmörtel*

Im Grabe Amenophis III sind Teile des Wandputzes, die die Bemalung trugen, abgefallen. Zwei handflächengroße Stücke, die auf dem Boden lagen und keine Malerei trugen, wurden von Dr. Meier analysiert. Folgendes Ergebnis wurde festgestellt:

	I	II
Glühverlust =	10,56 %	10,28 %
HCl unl. + lösl. SiO_2 =	11,83 %	12,20 %
R_2O_3 =	2,80 %	3,20 %

CaO	=	34,66 %	34,79 %
SO₃	=	22,00 %	24,00 %
MgO	=	1,20 %	1,10 %

Aufgrund der vorliegenden Ergebnisse handelt es sich bei diesen Mörteln um Gips-Kalkmörtel mit einem gegenüber unseren heutigen Mörteln sehr geringen Zusatz an quarzhaltigen Materialien. In beiden Proben sind Spuren einer organischen Komponente festzustellen. Eine Identifizierung war allerdings nicht möglich, höchstwahrscheinlich handelt es sich um tierische Eiweiße.

Die Haftfähigkeit des Mörtels an dem Felsen ist sehr gering, mikroskopisch wurden keinerlei Haftstellen festgestellt. Die Eigenfestigkeit des Mörtels liegt zwischen 15 und 20 kp/cm².

Damit handelt es sich zumindest in diesem Grabe um einen weichen, nur schwach am Fels haftenden Mörtel, der lediglich als glatter Träger der Bemalung diente. Als Sperre gegen Wasser war er wegen seiner porösen Struktur und der Quellfähigkeit des Gipses ebensowenig geeignet wie als Sperre gegen Grabräuber, da er mit wenigen Hammerschlägen zu zerstören war.

6. Zusammenfassung

In dieser Zusammenfassung werden nachstehend die nunmehr vorliegenden Fakten ausgewertet.

Die wesentlichen Ergebnisse sind:

— Allen Gräbern liegt der gleiche Plan zugrunde.

— Die Gräber gliedern sich in oberen und unteren Grabbereich.

— Die Schächte sind nur bei den Gräbern vorhanden, deren Raumausbau vollständig war. Damit ist bewiesen, daß die Schächte vor der Grablegung herausgearbeitet wurden.

— Die Schächte sind sorgfältig gearbeitet, sie nehmen den gesamten Raum E ein, so daß der ehemalige Fußboden auf die Schachtsohle verlegt wurde.

— Bei allen gesäuberten Schächten sind ein oder mehrere Nebenräume vorhanden (Ausnahme: Thutmosis III).

— Die Nebenräume sind sorgfältig gearbeitet; bei den drei Nebenräumen, deren Lage bekannt ist, liegen diese stets in entgegengesetzter Richtung der Sarkophaghalle.

— In zwei Fällen war der Schacht dekoriert oder hierzu vorbereitet.

— Der Schachtraum war oder sollte stets verschlossen sein. Von Thutmosis III bis Sethos I durch Vermauerung, danach durch Türen.

— Der Verschluß des Raumes E scheint eine unabdingbare Notwendigkeit gewesen zu sein, wie die Wiederherstellung der Durchgänge im Grab Merneptah's zeigen.

— Es ist sehr wahrscheinlich, daß die drei Eingangskorridore von Thutmosis III bis einschließlich Horemheb verfüllt waren oder verfüllt werden sollten, danach wurde offensichtlich keine Verfüllung mehr vorgenommen. Der Schacht und sein Nebenraum waren frei von Schutt.

— Mit Ramses II liegt eine Änderung des Bauplanes vor, die Raumart und -folge wird jedoch voll beibehalten.

— Im Grab Tausert sind die einzigen wesentlichen Abweichungen vorhanden.

Unter Berücksichtigung der aufgeführten Fakten ist demnach festzustellen:
Der Konzeption der Grabanlagen liegt ein einheitlicher Plan zugrunde, der insofern von allen Vorläufern abweicht, als in der ersten „Etage" eine Raumfolge vor die Sarkophaghalle vorgeschaltet wird. Sarkophaghallen mit den erforderlichen Nebenräumen und die entsprechenden Zugänge, entweder als Schächte oder Korridore ausgebildet, waren für jedes ägyptische Grab — auch das Königsgrab — vorhanden und unerläßlich, absolut neu ist, daß zwischen Korridorfluchten ein Schachtraum und folgend ein Pfeilersaal eingeschaltet wird. Die Annahme, daß es sich bei dieser neuen Raumfolge einerseits bei dem Schachtraum um ein rein technisches Teil (gegen Wasser oder Grabräuber) handele, andererseits bei dem 1. Pfeilersaal um einen Lagerraum, ist nicht zu halten. Wenngleich diese Untersuchung sich nur mit dem Schachtraum befaßt, muß darauf hingewiesen werden, daß Lagerräume stets nur im Zusammenhang mit der Sarkophaghalle gesehen werden können.

Einen Lagerraum, der letztlich nur Grabbeigaben dienen kann, weit entfernt und ohne Zusammenhang mit der abgeschlossenen Sarkophaghalle und den dort vorhandenen Nebenräumen sehen zu wollen, widerspricht aller Erfahrung.

Die bisherige Untersuchung hat eindeutig ergeben, daß die Schächte weder zur Abwehr von Grabräubern noch gegen Eindringen von Wasser gebaut worden sind. Das entscheidende Argument gegen die Grabräuber-Version ist die Ausführung des vom Schachtgrund abgehenden Raumes und der Verschluß des Raumes zum 1. Pfeilersaal. Insbesondere die nachgewiesene L-Form dieses Raumes im Grab Amenophis III läßt keinerlei Verbindung mit dem Gedanken der Abwehr von Grabräubern aufkommen. Entscheidend ist jedoch der Verschluß des Raumes E.

Die Gräber Ramses II, Merneptah und Ramses III haben nachweislich Schächte, waren jedoch mit Türen verschlossen. Die umfangreiche Arbeit des Aushauens von Schächten mit Nebenräumen als Hindernis für Grabräuber auszuführen, um dann den Verschluß des Zuganges zu den Schätzen des unteren Grabbereiches durch eine doppelflügelige Tür vorzunehmen, paßt nicht zu dem nüchternen, praktischen ägyptischen Denken.

Den Schacht als Auffangbecken für eindringendes Wasser anzusehen, ist aus ähnlichen Gründen nicht möglich. Eine Erklärung für den L-förmigen Nebenraum des Grabes Amenophis III ist damit ebenso wenig gegeben, wie für die bei Ramses II durchgeführte Dekoration der Schachtwände in Relief.

Entscheidend gegen diese Theorie spricht jedoch der Befund des Schachtes im Grabe Thutmosis III. Wasser hätte den hier weit in den Schacht hineinreichenden Putz vollständig zerstört, somit kann dieser Schacht unter keinen Umständen für diesen Zweck angelegt worden sein.

Auch die Annahme, daß beiden Gesichtspunkten – Grabräuber und Wasser – dieser Schacht gedient haben könnte, gibt keine Erklärung für die festgestellten Details des Schachtes.

Von Bedeutung ist in diesem Zusammenhang die Bemerkung Ayrton's in Th. Davis, The Tomb of Queen Tiyi, London 1910, S. 7 f.:

"This we removed and found behind it the remains of the original sealing of the door. This was composed of rough blocks of limestone cemented together and coated on the outside with cement of so hard a quality that a knife could scarcely scratch it; on this we found the impressions of the (Necropolis) oval seal..."

Hieraus kann zweifelsfrei geschlossen werden, daß der ursprüngliche Verschluß der Königsgräber so gearbeitet war, daß mittels hochwertigen Mörtels ein Eindringen von Wasser verhindert werden konnte.

Der gesamten Grabanlage lag, wie eindeutig festgestellt, ein genauer Plan zugrunde, der nur in der Gestaltung des 1. Pfeilersaals (Änderung der Achsenführung und der Pfeileranzahl) mit Ramses II eine Änderung im oberen Grabbereich erfahren hat.

Nachdem in den Gräbern Ramses II, Merneptah und Ramses III, die in der Anordnung den Vorgängern ebenso entsprechen wie in Raum- und Dekorationsart, Schächte ebenfalls vorhanden sind, kann allein aus der Tatsache, daß der Raum nunmehr anstelle von Mauern mit Türen verschlossen ist, unter keinen Umständen gefolgert werden, dem Raum liege eine neue Konzeption oder Zweck zugrunde.

Damit kann die Verschlußart des Raumes, sei es durch Vermauerung oder Türen, gleichgesetzt werden. Bei den Gräbern Amenophis II, Thutmosis IV, Horemheb und Sethos I (ebenfalls Gräber mit Schächten) wurde eindeutig festgestellt, daß die Durchgänge zum 1. Pfeilersaal zwar durch Mauern verschlossen waren, aber der Durchgang voll sichtbar blieb.

Ein Verschluß jedoch, der keine technische Schutzvorrichtung ist, kann in einem Grabe nur ein Verschluß religiös-ritueller Zweckbestimmung sein.

Eine rein technische Sperre (Grabräuber, Wasser) wäre wenigstens in einem unvollendeten Grab eingebaut worden, da sie sonst durch nichts zu ersetzen war. Schächte mit Nebenräumen konnten jedoch durch die Priester durch Ritual oder andere geeignet erscheinende Mittel dann ersetzt werden, wenn sie rein religiösen-rituellen Inhalt hatten.

Ohne den ungeeigneten Versuch machen zu wollen, eine unbeweisbare Interpretation vorzunehmen, scheint es doch richtig, darauf hinzuweisen, daß die Änderung des Verschlusses von Vermauerung zu Türen technisch begründet sein kann.

Solange die Korridore aus Sicherheitsgründen mit Schutt verfüllt worden sind, war der Verschluß des Einganges zu E nur durch Vermauerung möglich. Ein gleicher Verschluß des Raumes zu F wäre dann zu erwarten. Mit der Reliefierung der Eingangskorridore durch Sethos I wurde die Verfüllung aufgegeben, ohne sofort die Verschlußart zu ändern. Dieses erfolgte erst unter dem nachfolgenden Ramses II.

Thutmosis III, der als erster den Schacht einführte, wollte ihn offensichtlich vollständig verputzen und dekorieren; Ramses II, der die Verschlußart änderte und Details der gesamten Grabanlage umgestaltete, versah den Schacht mit reliefierter Dekoration. Die Sorgfalt der Arbeit innerhalb des Schachtes und der vom Grunde abgehenden Nebenräume, die L-Form des Raumes bei Amenophis III, und die Lage der bekannten Schacht-Nebenräume zur Sarkophaghalle sind weitere Zeichen für eine religiös-rituelle Bedeutung dieses Teils der Grabanlage.
Der erhebliche Aufwand, den dieser Bauteil erforderte, weist darauf hin, daß diesem Raum eine wesentliche Aussage zugeordnet war.

III. UNTERSUCHUNGSERGEBNIS WANDMALEREIEN UND RELIEFS (DEKORATIONEN)

1. Entwicklung der Dekorationen innerhalb der Grabanlagen

Es ist nicht möglich, im Rahmen dieser Arbeit eine umfassende Wiedergabe und Analyse der umfangreichen Dekorationen und Texte der zur Untersuchung gestellten Grabanlagen zu geben, zumal sich diese Arbeit letztlich nur auf den Schachtraum (E) bezieht. Andererseits ist es erforderlich, die Dekorationen des Schachtraumes im Zusammenhang mit den Aussagen der gesamten Grabanlagen zu sehen. Nachstehend werden deshalb nur — soweit als solche erkannt — die wesentlichen Elemente der Grabanlage untersucht, während der Schachtraum im Detail bearbeitet wird.

Die Entwicklung der Dekorationen hinsichtlich Umfang und technischer Ausführung ist deutlich erkennbar:

Th III – A III

dekorieren, soweit als Raum vorhanden, Schachtraum (E), Vorraum (I) und die Sarkophaghalle. Diese Gräber werden ausschließlich in bemalter Putzausführung gearbeitet.
(Räume, die offensichtlich zum Verputzen vorbereitet waren, wie z. B. die Sarkophaghalle Th IV, erkennbar an den Putzmarken, sind keine Unterbrechung der Entwicklung.) Ausnahme ist der 1. Pfeilersaal Th III, der ganz mit den Göttern des Amduat dekoriert worden ist.

Tut-ench-Amun und Eje

dekorieren nur die Sarkophagkammer in bemalter Putzausführung. Das Grab 62 ist seiner Bauform nach kein Königsgrab, so daß dieses und das unvollendete Königsgrab Eje als Notdekoration angesehen werden müssen.

Hor – R I

dekorieren ihre Gräber offensichtlich im Umfang nach den Formen der Voramarna-Zeit. Hor wiederum nur Schachtraum (E), Vorraum (I) und Sarkophaghalle, jedoch erstmalig nicht mehr in bemalter Putzausführung, sondern in feinem Relief aus dem Stein gearbeitet und bemalt.

R I ist gleich Eje ein Grab mit Notdekorationen, in dem nur die Sarkophaghalle in bemalter Putzausführung dekoriert ist.

S I – R XI

Soweit diese Gräber vollendet wurden, sind alle Räume entsprechend dem Grad der Fertigstellung umfassend dekoriert, in Relief, soweit die Zeit zur Verfügung stand, in Malerei auf Putz, offensichtlich, wenn die Arbeit kurzfristig zu Ende geführt werden mußte.

Nachstehend wird die Entwicklung der wesentlichen Themen der Dekorationen in den einzelnen Räumen der Grabanlagen aufgeführt (aus PM, 1964). Gräber mit kaum vorhandener Dekoration (z. B. R XI) und Gräber mit Notdekorationen (z. B. Eje) sind hier nicht berücksichtigt — letzteren ist ein besonderer Abschnitt gewidmet — um die Entwicklungsform deutlich herauszuarbeiten. Der für die Liste zur Verfügung stehende knappe Raum veranlaßt folgende Abkürzungen:

SN	=	Sarkophaghallen-Nebenraum, die Zählung der Nebenräume erfolgte links vom Eingang in der Sarkophaghalle beginnend mit SN 1 und 2; rechts SN 3 und 4, die von der Rückwand der Sarkophaghalle abgehenden Räume links beginnend nach ihrer Folge
oD	=	Räume ohne Dekoration
A	=	Amduat (z. B. A 3 = Amduat 3. Stunde)
P	=	Pfortenbuch
TB	=	Totenbuch
HB	=	Höhlenbuch
BA	=	Buch Aker
EM	=	Eingangsmotiv, König vor Re-Harachte, in der Sonnenscheibe Skarabäus und widderköpfiger Gott zwischen Schlange und Krokodil
Lit.Re		Hymne auf Re
K m G		König im Verkehr mit Göttern
G		Götterdarstellungen

	1. Korridor	2. Korridor	3. Korridor	Schachtraum
Th III	o D	o D	o D	hkr + Grundbemalung
A II	o D	o D	o D	hkr + Grundbemalung
Th IV	o D	o D	o D	K m G

Entwicklung der Dekorationen innerhalb der Grabanlagen 53

	1. Korridor	2. Korridor	3. Korridor	Schachtraum
A III	o D	o D	o D	K m G
Hor	o D	o D	o D	K m G
S I	EM Lit Re	Lit Re A 4	A 4 + 5	K m G
R II	EM Lit Re	Lit Re	A 4 + 5	K m G
Mern	EM Lit Re	P 2 + 3, A 3 + 4	A 4 + 5	G
Amen	EM Lit Re	Lit Re	?	K m G
S II	EM Lit Re	Lit Re A 2 + 3	A 4 + 5	Statuen-Wiedergabe
Tau — 1. Teil	K m G	TB K m G	TB	G
Sip	EM Lit Re	Lit Re	A 4 (lt. Davis)	zerstört
R III	EM Lit Re	Lit Re	A 4 + 5	G
R IV	EM Lit Re	Lit Re	HB 1 + 2	TB, negatives Schuldbekenntnis
R VI	EM P 1 + 2, HB 1	P 3—5, HB 2	P 6 + 7, HB 3—5	P 8 + 9, HB 5
R IX	EM TB, HB 1	TB, HB 2—4	A 2 K m G	G

	1. Pfeilersaal	Nebenraum	4. Korridor	5. Korridor
Th III	A Liste der Götter	—	—	—
A II	o D	—	o D	—
Th IV	o D	—	o D	o D
A III	o D	—	o D	o D
Hor	o D	—	o D	o D
S I	P 4 + 5, K m G, Pfeiler K m G	A 9—11, Pfeiler K m G	Mundöffnung	Mundöffnung
R II	verschüttet	verschüttet	Mundöffnung	Mundöffnung
Mern	P 3—5, K m G, Pfeiler K m G	—	o D	o D
Amen	K m G	—	nicht ausgegraben	nicht ausgegraben
S II	P 4 + 5, Pfeiler G	—	—	—
Tau — 1. Teil	TB	—	Mundöffnung	Mundöffnung
Tau — 2. Teil	—	—	A	A
Sip	zerstört	—	o D	o D
R III	P 4 + 5, Pfeiler K m G	P 6 K m G	Mundöffnung	G
R IV	—	—	—	—
R VI	P 10 + 11, HB 6, Pfeiler K m G, HB 6	—	A 1—3, A 6—8	A 4 + 5, A 8—11
R IX	o D	—	—	—

	Vorraum	Sarkophaghalle
Th III	—	A 1—12, (Pfeiler verschiedene Darstellungen)
A II	—	A 1—12, Pfeiler: K m G
Th IV	K m G	o D
A III	K m G	A 1—12, Pfeiler: K m G
Hor	K m G	P 1—5, Pfeiler: o D
S I	K m G	P 1, 2 + 4, Pfeiler: K m G
R II	K m G (?)	P 1 + 2, A 2 (?)
Mern	K m G	P 8 (?)

	Vorraum	Sarkophaghalle
Amen	nicht ausgegraben	nicht ausgegraben
S II	—	mumifizierte Götter
Tau — 1. Teil	G	P 6 + 8, HB, BA, Pfeiler: G
Tau — 2. Teil		P 8 + 12, Pfeiler: G (?)
Sip	o D	o D
R III	G, K m G, negat. Schuldbek.	P, BA, Pfeiler: K m G
R IV	—	P 1—4
R VI	K m G, TB	BA, K m G, Pfeiler: K m G
R IX	—	HB 5 + 6, G

Fortsetzung der Statistik s. S. 55

Aus dieser Zusammenstellung wird eine sehr einheitliche Tendenz innerhalb der Entwicklungsphasen deutlich.

1. Entwicklungsphase Voramarna-Zeit

Schachtraum (E)	—	König im Verkehr mit Göttern
Vorraum (I)	—	König im Verkehr mit Göttern
Sarkophaghalle	—	Amduat 1. — 12. Stunde
		Pfeiler: König im Verkehr mit Göttern

2. Entwicklungsphase Nachamarna-Zeit bis Ramses III

1. Korridor stets Eingangsmotiv mit Hymne an Re,
2. Korridor stets Hymne an Re, zusätzlich dann unterschiedliche Darstellungen wie Amduat, Pfortenbuch, Götterdarstellungen,
3. Korridor stets Amduat, vierte und fünfte Stunde. Schachtraum E stets der König mit Göttern (ab Merneptah nur Götter), Ausnahme Sethos II, hier Darstellungen von Königsfiguren wie sie u. a. aus dem Grabschatz Tut-ench-Amun's bekannt sind, 1. Pfeilersaal stets Pfortenbuch, vierte und fünfte Stunde, einmal dritte bis fünfte Stunde, auf den Pfeilern der König mit Göttern (Ausnahme Amenmesse, hier erscheint die Königin Beketwerner an den Wänden mit Göttern),
3. und 4. Korridor Mundöffnungszeremonien und Opferszenen, Vorraum I stets König mit Göttern (bei Ramses III zusätzlich negatives Schuldbekenntnis), Sarkophagraum stets Pfortenbuch und auf den Pfeilern der König mit Göttern.
Das einzige Grab, das die obige Einheitlichkeit durchbricht, ist das Grab 14 — Tausert, in welchem die drei Eingangskorridore dem Totenbuch sowie dem König mit Göttern gewidmet sind, der 1. Pfeilersaal hingegen dem Totenbuch vorbehalten ist. Raum E, I, dritter und vierter Korridor nähern sich der üblichen Darstellung dieser Gruppe wieder an.
Bei der nur in drei Gräbern belegten, lediglich teilweisen Dekoration der Nebenräume der Sarkophaghalle kann keine einheitliche Entwicklungstendenz aufgezeigt werden.

Fortsetzung der Statistik von Seite 54

	S N 1	S N 2	S N 3	S N 4	S N 5	S N 6
Th III	o D	o D	o D	o D	—	—
A II	o D	o D	o D	o D	—	—
Th IV	o D	o D	o D	o D	sämtlich	o D
A III	o D	o D	o D	o D	sämtlich	o D
Hor	o D	Osiris u. Djed	Buch der Kuh	o D	o D	—
S I	P 3	A 6 + 7 Pfeiler K m G				
R II	P 3	A 12	Buch der Kuh	—	A 6 + 7	A, P 5
Me:n	o D	o D	o D	o D	sämtlich	o D
Amen	nicht ausgegraben					
S II	—	—	—	—	—	—
Tau — 1. Teil	o D	o D	o D	o D	—	—
Tau — 2. Teil	o D	o D	o D	o D	—	—
Sip	—	—	—	—	—	—
R III	versch. Darstell.	Osiris	Felder v. Faru	Buch der Kuh (?)	G	G
R IV	verschiedene Darstellungen					
R VI	—	—	—	—	P 12, K m G	—
R IX	—	—	—	—	—	—

3. Entwicklungsphase Ramses IV – Ramses XI

R IV –
beläßt noch Teile seiner Dekoration in den gleichen Räumen der Grabanlage wie in der Phase 2: Eingangsmotiv und Hymne an Re im 1. und 2. Korridor, das Pfortenbuch 1.–4. Stunde in der Sarkophaghalle (siehe Hor und S I),
bringt jedoch nun im 3. Korridor das Höhlenbuch 1. und 2. Stunde,
das negative Schuldbekenntnis (allein bei R III in der 2. Phase) wandert von Raum I in den Raum E. Die Götterdarstellung im Raum E wird durch das Totenbuch ersetzt.

R VI –
dekoriert sein Grab vom Eingang beginnend systematisch mit den Jenseitsbüchern in genau eingehaltener Folge des Stundenablaufes, entsprechend der Entwicklungsphase 2 sind jedoch alle dekorierten Pfeiler mit Darstellungen des Königs im Verkehr mit den Göttern versehen (Ausnahme 3 Flächen eines Pfeilers im 1. Pfeilersaal), wie auch das gleiche Motiv mit dem Totenbuch im Raum I erscheint.

R IX –
außer dem Erscheinen von Göttern im Raum E sind gleichartige Anordnungen der Jenseitsbücher wie in den vorhergehenden Gräbern nicht festzustellen.

Innerhalb der 3 Entwicklungsphasen fallen außer den bezeichneten geringen Variationen nur die Grabanlagen S II und Tausert mit abweichenden Darstellungen aus den nachgewiesenen Entwicklungstendenzen heraus.

S II –
folgt dem Schema der Entwicklungsphase 2 vollständig, bis auf den Schachtraum (E), der anstelle der König-/Götter-Motive mit der Wiedergabe von Statuen, wie sie u. a. aus dem Grabe Tut-ench-Amun bekannt geworden sind, versehen ist. Dieses als Wandmalerei in den untersuchten Grabanlagen einmalig erscheinende Motiv wird später in dem Abschnitt des Grabes Sethos II gesondert behandelt.

Tausert –
folgt der Entwicklungsphase 2 im Schachtraum (E), im 4. und 5. Korridor, im Vorraum (I) und in den Pfeilermotiven. Die Gestaltung der drei Eingangskorridore weicht vollständig, die der Sarkophaghalle erheblich vom gültigen Schema ab.

Zusammenfassend kann nunmehr folgendes festgestellt werden:
1. Den Wandmalereien, resp. Reliefs lag in technischer Ausführung, Umfang, Thema und Anordnung in den Räumen der Grabanlagen von Thutmosis III bis Amenophis III ebenso ein einheitlicher Plan zugrunde, wie für die Gräber Horemheb bis Ramses III ein umfassender Plan einheitlich zur Ausführung gekommen ist.
Die Grabanlagen seit Ramses IV zeigen weder die Einhaltung eines solchen Schemas

untereinander, noch gleichen sie als einzelne Gräber annähernd den Gräbern davor.

2. Die Entwicklungsphasen sind nicht klar in allen Teilen voneinander abgegrenzt. Dieses wird bei den Gräbern Horemheb und Ramses IV deutlich. Horemheb dekoriert im Umfang der Voramarna-Zeit, jedoch im Thema entsprechend der Nachamarna-Zeit, obgleich die zeitraubende Reliefarbeit, die erstmalig in seinem Grab erscheint, eine umfangreiche Dekoration innerhalb der gesamten Grabanlage in Malerei auf Putz zugelassen haben würde.

Ramses IV verläßt in wesentlichen Teilen seiner Grabanlage die bisherige Anordnung der Dekoration innerhalb der Räume, beläßt andererseits Dekorationsthemen an dem bisherigen Plan entsprechenden Standort.

3. Von wenigen, offensichtlich nicht bedeutsamen Darstellungen abgesehen, erscheinen in den Grabanlagen ausschließlich:

— die Wiedergabe der Jenseitsbücher
— der König im Verkehr mit Göttern
— Götterdarstellungen
— Mundöffnungs- und Opferszenen

Diese Themen sind von Thutmosis III bis Ramses III streng mit der Raumordnung verbunden:

Jenseitsbücher	in den 3 Eingangskorridoren
	an den Wänden des 1. Pfeilersaals
	an den Wänden der Sarkophaghalle
	zum Teil in den Nebenräumen der Sarkophaghalle
König im Verkehr mit Göttern oder Götterdarstellungen	— im Schachtraum (E)
	im Vorraum (I)
	sämtliche Säulen der Grabanlage
Mundöffnungs- und Opferszenen	— im 4. und 5. Korridor

4. Von Thutmosis III bis einschließlich Horemheb sind nur die Räume

Schachtraum (E)
Vorraum (I)
Sarkophaghalle

dekoriert, so daß angenommen werden kann, daß diesen Räumen wesentliche Bedeutung zuerkannt worden ist.

Ab Sethos I wird stets am Eingang beginnend sorgfältig Raum für Raum in Relief gearbeitet, obgleich die gröberen Steinmetzarbeiten für die endgültige Herrichtung der Wände zur Reliefierung nicht immer für die folgenden Räume abgeschlossen waren. (Beispiel Siptah: Gute Ausarbeitung der Eingangskorridore, während ab 1. Pfeilersaal die folgenden Gänge noch „roh behauene Tunnel" sind.)

2. Die Wandmalereien und Reliefs des Raumes E und des Schachtes

Der Schachtraum (E) ist wie im vorhergehenden Abschnitt nachgewiesen durchgehend der Darstellung des Königs im Verkehr mit den Göttern, später Götterdarstellungen vorbehalten.

Thutmosis III

Der Schachtraum ist nicht fertiggestellt worden, der Putz, zum Teil auch die Grundbemalung reichen weit nach unten in den Schacht hinein (insgesamt 5 m hoch von der Decke gemessen, ursprüngliche Raumhöhe 1,80 m, somit Putz im Schacht selbst 3,20 m). Es kann kein Zweifel bestehen, daß der ursprüngliche Raum E und der Schacht zu einheitlichen bis zum Schachtgrund reichenden Wandflächen gearbeitet werden sollten, wie die durchgehende nahtlose Verputzung und einheitliche Grundbemalung beweist.

Es kann weiterhin kein Zweifel bestehen, daß diese so vorbereiteten Wandflächen Dekorationen tragen sollten. Dieses wurde offensichtlich durch den vorzeitigen Abbruch der Fertigstellung dieses Raumes verhindert (siehe II/2). Es ist anzunehmen, daß es sich bei diesen Dekorationen um figürliche Darstellungen erheblicher Größe gehandelt haben würde. Eine solche Annahme ist durch die Höhe der vorhandenen allein fertiggestellten ḫkr-Borde unterhalb der gestirnten Decke zu begründen.

Der ursprüngliche Raum E (Messung von der Decke zum Niveau des Ein- und Ausganges dieses Raumes) hat eine Höhe von 1,80 m, die ḫkr-Borde eine Höhe von 79,5 cm (es ist bei weitem die größte Ausführung einer ḫkr-Borde im Tal der Könige).

Es ist unvorstellbar, daß unter einer solchen großen Borde in dem verbleibenden Raum von 1 m Höhe (gerechnet bis zum ursprünglichen Raumniveau) Figuren und/oder Texte erscheinen sollten; dieses würde niemals dem ausgeprägten Gefühl der alten Ägypter für Komposition und ausgewogene Proportionen entsprochen haben.

Eine ḫkr-Borde dieser Größe verlangte proportional entsprechende Darstellungen, die somit weit in den Schacht hineinreichen mußten.

Amenophis II

Putz und Grundmalerei sind an keiner Stelle über das ursprüngliche Raumfußbodenniveau heruntergezogen worden. Ob dieses je beabsichtigt war, ist nicht zu erkennen, da von 4 Wänden nur eine annähernd, zwei zu etwa 30% und die Eingangswand nicht verputzt worden sind. Trotz dieser mangelnden Wandbearbeitung, welche jeweils an der gestirnten Decke begonnen wurde, ist an den fertiggestellten Verputzungen an der Wandoberkante die ḫkr-Borde mit einer Höhe von 51 cm zum überwiegenden Teil aufgemalt worden. Die Höhe der Borde entspricht etwa der des folgenden Grabes Thutmosis IV (44 cm), damit auch einer möglichen Pro-

portion zu figürlichen Darstellungen innerhalb des Raumes E, wie wir sie bei Thutmosis IV finden.
Auch für dieses Grab ist anzunehmen, daß die Wände, wenn sie fertiggestellt worden wären, eine uns unbekannte Dekoration tragen sollten.

Thutmosis IV

Dieses ist das erste Grab im Tal der Könige, in welchem etwas mehr als eine Wand vollständig fertiggestellt worden ist.
Sie zeigt den König vor Göttern, die ihm Leben schenken:
K — Osiris, K — Osiris, K — Anubis, K — Hathor, K — Hathor, K — Hathor anschließend zur Wand zu F links vom Durchbruch Anubis (nicht fertiggestellt).
(Auch künftig wird die Abkürzung „K" für „König" gewählt.)
Der König blickt in das Grabinnere, die Götter zum Grabeingang. Zwischen der figürlichen Darstellung und der gestirnten Decke befindet sich die ḫkr-Borde.

Amenophis III

Das Grab Amenophis III ist im Vergleich mit den anderen Gräbern der Voramarna-Zeit vollständig fertiggestellt. Interessant ist in diesem Zusammenhang, daß der große, hinter der Sarkophaghalle liegende Raum teilweise verputzt und mit der Grundbemalung ausgestattet ist, und damit den sicheren Schluß zuläßt, daß eine vorrangige Bearbeitung der 3 Eingangskorridore, des 1. Pfeilersaals, des 4. und 5. Korridors nicht vorgesehen war. Der Raum E ist vollständig dekoriert, der Schacht unverputzt und unbemalt. Es erscheinen:

linke Wand:

K mit Ka umarmt von Hathor, K erhält Leben von Anubis, K erhält Leben von westlicher Göttin, K erhält Leben von Osiris

rechte Wand:

K mit Ka vor Nut, die nini macht, sonst wie linke Wand.

Die Eingangswand ist bis auf die ḫkr-Borde nicht gestaltet, die Wand zu F zeigt links
[K erhält Leben von Hathor], [? ?], K vor Hathor, K erhält Leben von Anubis, K erhält Leben von westlicher Göttin.
Der König blickt in das Grabinnere, die Götter zum Grabeingang, resp. die Götter blicken zum Durchbruch zu F. Die Decke ist gestirnt.

Horemheb

Der Raum E wie auch die übrigen Dekorationen sind erstmalig im Tal der Könige in bemaltem Relief gearbeitet.

Linke Wand:

Anubis-Schakal auf dem Schrein, K wird von Harsiesis zu Isis geführt, K opfert der westlichen Hathor Wein, K vor Osiris-Onnophris, K vor [westlicher Göttin] und Harsiesis.
(Die Ein- und Ausgangswand wird nicht gesondert aufgeführt, sondern die hier erscheinenden Darstellungen den Hauptwänden zugeordnet.)

rechte Wand:

K wird von Horus zu Hathor geführt, K wird von Harsiesis zu Isis geführt, K opfert der westlichen Hathor Wein, K vor Osiris-Onnophris, [K] vor Osiris, Anubis und Harsiesis.

Der König blickt in das Grabinnere, die Götter zum Grabeingang, resp. zum Durchbruch zu F.
Die Felswände des Schachtes selbst sind nicht für eine Dekoration vorbereitet worden.

Sethos I

Dieses Grab wurde als erstes im Tal der Könige voll dekoriert.
Im Raum E erscheinen in Relief:

linke Wand:

Anubis-Schakal auf dem Schrein, K wird von Harsiesis zu Isis geführt, K opfert Hathor Wein, K vor Osiris, westliche Göttin

rechte Wand:

K wird von Harsiesis zu Hathor geführt, K wird von Harsiesis zu Isis geführt, K opfert Hathor Wein, K vor Osiris, Osiris sitzend, gefolgt von Anubis und Harsiesis.

Der König blickt in das Grabinnere, die Götter zum Grabeingang, resp. zu den Durchbrüchen an den Schmalseiten. Die Decke ist gestirnt, darunter die ḥkr-Borde.
Die Felswände des Schachtes wurden für eine Dekoration nicht vorbereitet.

Ramses II

Die Wände dieses noch nicht gesäuberten Grabes sind durch die eingedrungenen Schlammassen so zerstört, daß die schwach erkennbaren Fragmente von Text und Dekoration schwierig zu entziffern sind. An der allein deutlichen Fußstellung der Figuren und den Fragmenten erkannte Herr Prof. Hartwig Altenmüller anläßlich einer gemeinsamen Untersuchung:

linke Wand:

Harsiesis – K – Isis, K vor Hathor, K vor Osiris, Hathor

rechte Wand:

Harsiesis — K — Isis, K vor Hathor, K vor Osiris, K vor Osiris, Anubis, Horus

Der König blickt in das Grabinnere, die Götter zum Grabeingang, resp. zu den Durchgängen. Die zu erwartenden Darstellungen der schmalen Eingangswandstücke sind noch von bis zur Decke reichendem Schutt verborgen.
Unterhalb der figürlichen Darstellung in den Schacht reichend wurden sowohl an der linken wie rechten Wand das 1. Register der 12. Stunde des Amduates von Herrn Prof. Altenmüller erkannt. Dieses ist die erste Textausführung innerhalb des Schachtes.
Von einer gestirnten Decke ist nichts zu erkennen. Unterhalb der Decke zieht sich eine Leiste 33,5 cm von der Decke offensichtlich durch den ganzen Raum E. Da Texte an dieser Stelle nicht von den Darstellungen im Raum E durch eine solche Leiste getrennt werden, ist anzunehmen, daß dieser jetzt leere Zwischenraum von einer 33,5 cm hohen ḥkr-Borde eingenommen wurde.

Merneptah

Erstmalig erscheint unter der gestirnten Decke nicht die ḥkr-Borde, oberhalb der figürlichen Darstellung erscheinen jetzt Texte.

Linke Wand:

Osiris — Amset, Duamutef, Anubis, Cheribakef, Isis, Neith, Anubis

rechte Wand:

Osiris — Hapi, Kebehsenuf, Anubis, Mechenti-irti, Nephthys, Selket, Inmutef.

Erstmalig erscheint unter der gestirnten Decke nicht die ḥkr-Borde, oberhalb der schließlich Götterdarstellungen.
Die Götter blicken zum Grabeingang, resp. zu den Durchgängen. Der Schacht ist vollständig verschüttet, so daß es offen bleibt, ob Darstellungen im Schacht vorhanden sind.

Amenmesse

Eine Untersuchung des Grabes war aus den im II. Abschnitt bezeichneten Gründen nicht möglich, so daß allein die Angaben von PM S. 518 Verwendung finden müssen:

linke Wand:

1. Osiris facing out
2. Queen Mother Takhaʻt offering ointment to Atum, Harsiēsi and Isis
3. Anubis facing in

rechte Wand:
1. Osiris facing out
2. Queen Takhaʿt offering ointment to Rē, Harakhti and Anubis
3. Takhaʿt with two pots
4. Inmutef facing in

Sethos II

Die Ausführung des Raumes E im Grabe Sethos II fällt in vielerlei Hinsicht aus dem Rahmen der üblichen Darstellungen.
Das Begräbnis des Königs muß unter Zeitdruck vorgenommen worden sein:
"Corridor G ends abruptly to form the sarcophagus hall. Its rough condition is noted by Burton: 'It seems they brought the body in before the tomb was finished, then went on working.'
Perhaps his conclusion was partly based on chips left behind and the large figure of Nut that was hastily painted on the ceiling, to make a 'hall' of the passage." (Thomas, a.a.O., S. 112)
Offensichtlich ist der Raum E später ausgeführt worden als der anschließende 1. Pfeilersaal, der, wenngleich in schlechter Qualität, in Relief gearbeitet ist.
Die Durchgänge sind in feinem braunem Putz gehalten, der Raum E mit einer weißen Farbgrundierung. Auf beiden Wänden sind je 12 in zwei Reihen übereinander gesetzte Wiedergaben von Statuetten oder Darstellungen von Emblemen in flüchtiger Ausführung, jeweils von kurzem Text begleitet, wiedergegeben.
Die Darstellung ist in Felder eingeteilt, innerhalb der Felder stehen die Darstellungen in einem durch Kontur angedeuteten Schrein oder Kiosk. Die Darstellungen sehen ohne Ausnahme in das Grabinnere, wobei anders als bisher, demnach die Darstellungen der Eingangswand nicht zum Durchgang, sondern zur linken resp. rechten Wand ausgerichtet sind. Eine ḥkr-Borde ist nicht vorhanden. Diese außergewöhnlichen Darstellungen im Raum E werden im Abschnitt über das Grab Sethos II nochmals behandelt.

Tausert

Wie bereits ausgeführt, weicht das Grab Tausert in einer Reihe von wesentlichen Punkten von allen anderen Gräbern des Tals der Könige ab. Der Raum E jedoch ist ähnlich dem des Merneptah, resp. Ramses III dekoriert:

linke Wand:

Osiris, Amset, Anubis, Duamutef, Isis — Inmutef

rechte Wand:

Osiris, Hapi, Anubis, Kebehsenuf, Nephthys — Horus — Inmutef

Die Götter blicken in Richtung Grabeingang, resp. zu den Durchgängen. Eine ḥkr-Borde ist im Raum E nicht vorhanden, jedoch sowohl im kurzen Wandstück vor dem Durchgang zum 3. Korridor (darunter aus dem Grab sehende Hathor nini machend) und dem kurzen Wandstück nach dem Durchgang zum 1. Pfeilersaal (darunter Djed-Pfeiler).

Siptah

Malereien oder Reliefs sind in diesem Raum nicht einmal mehr in Spuren sichtbar. Davis erkannte jedoch bei der Wiederentdeckung des Grabes noch Spuren, die auf eine Dekoration hinwiesen. Die einzige Spur der vorgesehenen Bearbeitung sind heute rote Markierungspunkte auf dem geglätteten Fels an der linken Wand vor E.

Ramses III

linke Wand:

Osiris, Amset, Anubis, Duatmutef, Isis, Inmutef

rechte Wand:

Osiris, Hapi, Kebehsenuf, Nephthys, Selket, Inmutef

Die Götter blicken zum Grabeingang, resp. zu den Durchgängen. Eine ḫkr-Borde ist nicht vorhanden.

Ramses IV

linke Wand: Totenbuch
rechte Wand: negatives Schuldbekenntnis
keine ḫkr-Borde

Ramses VI

linke Wand: Pfortenbuch 8. und 9. Stunde
rechte Wand: Höhlenbuch 5. Abteilung
keine ḫkr-Borde

Ramses IX

Nur die Schmalseiten der Wand zum Durchgang zum 1. Pfeilersaal tragen Dekorationen beidseitig Inmutef in jeweils unterschiedlicher Form.

Zusammenfassend kann nunmehr für den Schachtraum E folgendes festgestellt werden:

Entwicklungsphasen

a) *Phase 1: Thutmosis III – Amenophis III (Voramarna-Zeit)*

Th III und A II zeigen weder Texte noch figürliche Darstellungen, die Räume waren zur Dekoration vorgesehen, gestirnte Decke und ḫkr-Borde sind gleichermaßen wie bei den folgenden Gräbern vorhanden.
Th IV und A III stellen den König im Verkehr mit den Göttern unter gestirnter Decke und ḫkr-Borde dar.
In beiden Gräbern sind die Szenen:
K erhält Leben von Osiris, Anubis und Hathor identisch, lediglich, daß Hathor mit der westlichen Göttin in A III ausgewechselt wurde.
A III bringt zusätzlich:
K mit Ka umarmt von Hathor und K mit Ka vor Nut, die nini macht.
Nachdem bei A III beide Seiten des Raumes außer der Auswechslung K mit Ka Hathor/Nut gleich sind, ist anzunehmen, daß eine entsprechend gleiche Doppel-Ausführung auch bei Th IV vorgesehen war, zumal die weitgehende Gleichheit der gegenüberliegenden Wände auch in den folgenden Gräbern vorhanden ist.

b) *Phase 2 a): Horemheb – Ramses II*

Die Räume E der Gräber Hor., S I und R II zeigen eine große Ähnlichkeit.
Die Szenen
    K wird von Harsiesis zu Isis geführt
    K opfert Hathor Wein
    K vor Osiris, resp. Osiris-Onnophris
sind in allen drei Gräbern gleich und erscheinen jeweils auf den sich gegenüberliegenden Wänden.
Es ist anzunehmen, daß auch die Szene
    Anubis-Schakal auf dem Schrein
die bei Hor. und S I erscheint, ebenfalls bei R II vorhanden, jedoch noch unter dem Schutt verborgen ist.
Die Szenen

Hor	K vor westl. Göttin und Harsiesis	links
	K vor Osiris, Anubis und Harsiesis	rechts
S I	westl. Göttin	links
	K vor Osiris sitzend, gefolgt von Anubis und Harsiesis	rechts
R II	Hathor	links
	K vor Osiris, Anubis, Horus	rechts

sind fast identisch.

c) Phase 2 b): Merneptah bis Ramses III

Die Gräber Merneptah, Tausert und Ramses III weisen wesentliche Übereinstimmungen auf:

linke Wand:

Merneptah:
Osiris, Amset, Duamutef, Anubis, Cheribakef, Isis, Neith, Anubis

Tausert:
Osiris, Amset, Anubis, Duamutef, Isis

Ramses III:
Osiris, Amset, Anubis, Duamutef, Isis, Inmutef

rechte Wand:

Merneptah:
Osiris, Hapi, Kebehsenuf, Anubis, Mechenti-irti, Nephthys, Selket, Inmutef

Tausert:
Osiris, Hapi, Anubis, Kebehsenuf, Nephthys, Horus-Inmutef

Ramses III:
Osiris, Hapi, Kebehsenuf, Nephthys, Selket, Inmutef

Die ḫkr-Borde fehlt in allen drei Gräbern.

Weder die Dekoration Sethos II noch die von Amenmesse sind in die Entwicklung der Phase 3 einzuordnen. Sethos II aus bereits vorgetragenen Gründen.
Thomas gibt a.a.O., S. 110 folgende Erklärung:

"Champollion believes it « le tombeau d'un roi condamné par jugement après sa mort »; Weigall suggests dethronement."
Yet buried in this religionless tomb, or is an other approach to be considered? Would an attempt have been made to remove kingly texts if the tomb was given over to one or two women, together or separately, who were entitled to the cartouche and no other royal prerogative? E was originally decorated for Takhat, F for Bektwerena according to the available records. In contrast to the outer elements, the two rooms are 'merely badly coloured on bad plaster' without sculpture. In both style and matter the analogy is nearer that of the Queen's Valley than the tombs of this wadi."

Die beiden genannten Gräber können deshalb nicht als grundsätzliche Änderung des für diese Phase offensichtlich verbindlichen Schemas angesehen werden, sie weichen aus anderen, der speziellen Situation ihrer Grabinhaber entsprechenden Gründen von den übrigen Gräbern ab.

d) Phase 3: Ramses IV bis Ramses IX

Eine gemeinsame Entwicklung dieser Gräber besteht nicht, der Raum E zeigt keine einheitliche Aussage mehr.

2. Die ḫkr-Borde wird in allen Gräbern zwischen gestirnte Decke und Darstellungen gebracht, die den König im Verkehr mit den Göttern zeigen. In Gräbern, die im Raum E nur Götter darstellen, d. h. ohne König, fehlt die ḫkr-Borde.
3. In allen Gräbern blicken die Götter zum Grabeingang, resp. zu den Durchgängen, der König in das Grabinnere. Die einzige Ausnahme bilden die Embleme des Grabes Sethos II, die sämtlich zum Grabinneren ausgerichtet sind.
4. Zwei Gräber, Thutmosis III nur in Putz und Grundbemalung, Ramses II in Relief (1. Register der 12. Stunde des Amduat), zeigen Bearbeitungen der Schachtwände.

3. Vergleich der Darstellungen auf Pfeilern der Grabanlagen und des Raumes I zu den Darstellungen im Raum E

Im vorhergehenden Abschnitt über die Entwicklung der Dekorationen innerhalb der Grabanlagen ist festgestellt worden, daß der Schachtraum E, der Vorraum zur Sarkophaghalle (I) und die Pfeiler des 1. Pfeilersaales sowie der Sarkophaghalle den König im Verkehr mit den Göttern darstellen, resp. Götterdarstellungen bringen. Nachstehend wird untersucht, ob eine gleichartige Entwicklung resp. Bezüge zum Raum E vorhanden sind.

Thutmosis III und Amenophis II

Beiden Gräbern fehlt noch der Vorraum I, die Pfeiler der Sarkophaghalle sind bei Th III dem Amduat gewidmet. Bereits mit Amenophis II setzt jedoch die Darstellung des Königs im Verkehr mit den Göttern ein.
Der König erhält in 24 Darstellungen (6 Pfeiler) Leben. 10 x von Hathor, 6 x von Anubis, 8 x von Osiris.

Thutmosis IV

Der König erhält Leben
    im Raum E (1 Wand)
    3 x von Hathor, 2 x von Anubis, 2 x von Osiris
    im Raum I (2 Wände)
    5 x von Hathor, 2 x von Anubis, 2 x von Osiris
Die Sarkophaghalle ist nicht fertiggestellt und enthält an Wänden und Pfeilern keine Darstellungen.

Amenophis III

Der König erhält Leben
    im Raum E

Vergleich der Darstellungen auf Pfeilern und Wänden (Raum I mit Raum E)

2 x von westlicher Göttin, 2 x von Anubis, 2 x von Osiris,
erscheint mit Ka vor Nut, die nini macht,
wird mit Ka von Hathor umarmt
im Raum I
2 x von westlicher Göttin, 3 x von Hathor, 2 x von Nut, 3 x von Anubis, 2 x von Osiris,
der König mit Ka erscheint vor Nut.
An den Pfeilern der Sarkophaghalle
erscheint der König vor
6 x westlicher Göttin, 6 x Hathor, 2 x Anubis, 10 x Osiris.
In den Räumen E und I erscheinen fast gleiche Darstellungen auf den sich gegenüberliegenden Wänden.
Damit ergibt sich, daß in der Voramarna-Zeit die Räume E und I fast identisch in den Darstellungen sind, daß die Pfeiler die in diesen Räumen gegebenen Motive wiederholen.

Horemheb, Sethos I, Ramses II

Die Gräber Hor., S I und R II weisen eine außerordentliche Ähnlichkeit in der Darstellung auf.
Vergleichbar sind jedoch nur Hor. und S I hinsichtlich der Räume E und I, S I hinsichtlich dieser Räume zu den Darstellungen der Pfeiler in der Sarkophaghalle.
Alle anderen Teile sind bei Hor. und R II nicht identifizierbar. Zur besseren Übersicht werden die korrespondierenden Wandflächen nachfolgend gegenübergestellt.

Horemheb

linke Wand E
Anubis-Schakal auf dem Schrein
K wird von Harsiesis zu Isis geführt
K opfert Wein vor westl. Hathor
K vor Osiris-Onnophris
K vor westl. Göttin und Harsiesis

linke Wand I
K umarmt von Hathor
K vor Anubis
K opfert Wein vor Isis
K vor Harsiesis
K opfert Wein vor Hathor
K vor Osiris
K opfert Salbe vor Ptah mit Djed-
   Pfeilern

rechte Wand E
K wird von Horus zu Hathor geführt
K wird von Harsiesis zu Isis geführt
K opfert Wein vor westl. Hathor
K vor Osiris-Onnophris
K vor Osiris, Anubis, Harsiesis

rechte Wand I
K wird von Harsiesis zu Hathor geführt
K opfert Wein vor Anubis
K vor Isis
K opfert Wein vor Harsiesis
K vor Hathor
K opfert Wein vor Osiris
K vor Nefertem mit Sa-Emblem

Sethos I

linke Wand E
Anubis-Schakal auf dem Schrein
K wird von Harsiesis zu Isis geführt
K opfert Wein vor Hathor
K vor Osiris
westl. Göttin

linke Wand I
K umarmt von Hathor
K vor Anubis
K opfert Wein vor Isis
K vor Harsiesis
K opfert Wein vor Hathor
K vor Osiris-Onnophris
Ptah

rechte Wand E
K wird von Harsiesis zu Hathor geführt
K wird von Harsiesis zu Isis geführt
K opfert Wein vor Hathor
K vor Osiris
Osiris sitzend, gefolgt von Anubis und Harsiesis

rechte Wand I
K gefolgt von Harsiesis, erhält Leben von Hathor
K vor Anubis
K opfert Wein vor Isis
K vor Harsiesis
K opfert Wein vor Hathor
K vor Osiris-Onnophris
K vor Nefertem mit Sa-Emblem

Sethos I

Pfeilerdarstellungen des 1. Pfeilersaales, stets der König

vor Ptah
vor Selket
vor Neith
vor Anubis
vor Ptah-Sokaris

umarmt von Re-Harachte
Atum
Harsiesis 2 x
Schu
Hathor
Nephthys
Anubis
westl. Göttin
Isis

Pfeilerdarstellungen der Sarkophaghalle

der König
vor Osiris 3 x
Re-Harachte 2 x
Ptah-Sokaris
Anubis 2 x
Thot
Geb
Chepre
Harsiesis
Schu

ohne König
Inmutef

den Mittelgang flankierend
auf einer Seite
die knieenden Seelen von Pe
auf der anderen Seite
die knieenden Seelen von Nechen
jeweils 3 Darstellungen

Aus dieser Zusammenstellung ergibt sich, daß thematisch die Räume E und I ähnliche Darstellungen bringen. Die einzige wesentliche Abweichung ist, daß Ptah und Nefertem im Raum I nunmehr den Eingang flankieren, dieses wiederholt sich im 1. Pfeilersaal. Wenngleich die Götter des Totenkultes noch als Darstellungen auf den Pfeilern erscheinen, dringen nun die Götter, die nicht unmittelbar hierzu gehören, vor.
Damit ist die Identität zwischen den Teilen E und I mit Abweichungen thematisch gewahrt, bei den Pfeilerdarstellungen aufgegeben worden.

Merneptah – Ramses III

Die fünf Gräber Merneptah, Amenmesse, Sethos II, Tausert und Ramses III sind untereinander kaum vergleichbar.
Das Grab Amenmesse ist nicht ausgegraben; Sethos II ist unvollendet und zeigt im Raum E die vorerwähnten Darstellungen der Statuetten und Embleme; Tausert ist ein Grab, welches das offensichtlich gültige Schema unterbricht.
Im Grab Merneptah ist die Sarkophaghalle weitgehend zerstört. Die von diesen Gräbern eventuell vergleichbaren Darstellungen zeigen, daß nicht mehr der König im Verkehr mit Göttern, sondern die Götter ohne den König dargestellt werden.
Abweichend vom Raum E, in welchem die im vorigen Abschnitt genannten Horussöhne ohne den König erscheinen, sind fast ohne Ausnahme bei Ramses III die Darstellungen des Raumes I, die Pfeiler des 1. Pfeilersaales und der Sarkophaghalle wiederum dem König im Verkehr mit den Göttern vorbehalten.
In allen fünf Gräbern sind offensichtlich nicht die unmittelbar mit dem Totenkult verbundenen Götter, sondern weitere Götter das wesentliche Thema dieser Darstellungen. Damit ist in dieser Epoche die ursprüngliche Einheit der Darstellungen, wie sie in der Voramarna-Zeit für drei Räume gewahrt wurde, vollständig aufgegeben worden.

Ramses IV – Ramses IX

Es bestehen weder Bezüge untereinander noch in den Räumen des einzelnen Grabes zueinander.
Damit ist festzustellen, daß
— in der Voramarna-Zeit die Einheit der Darstellungen zwischen Raum E, Raum I und den Pfeilern der Sarkophaghalle vollständig gegeben war,
— in der Nachamarna-Zeit bis einschließlich Ramses II diese Einheit noch annähernd zwischen Raum E und Raum I bestand, die Darstellungen auf den Pfeilern dagegen vollständig von diesen beiden Räumen abwichen,
— in der folgenden Zeit Bezüge in den Darstellungen der einzelnen Räume in der bisherigen Form nicht mehr gegeben sind.

4. Die Dekorationen der an den Schachtraum (E) grenzenden Räume — 3. Korridor und 1. Pfeilersaal

a) Die Dekorationen des 3. Korridors

Von Thutmosis III bis Horemheb sind in keinem Grab an den Wänden der Korridore Wandmalereien oder Reliefs zu finden. Obwohl die Korridore zum Teil sorgfältig aus dem Stein gehauen sind und die Türdurchgänge sauber gearbeitet wurden, ist nicht einmal der Beginn von Putzarbeiten oder Grundmalereien festzustellen.
Mit Sethos I sind die Korridore stets, oder sollten gänzlich in Relief gearbeitet werden. Der 3. Korridor ist seit dieser Zeit stets bis einschließlich Ramses III dem Amduat gewidmet und es ist am Ende des Korridors beidseitig eine Nische unmittelbar vor dem Raum E ausgehauen worden. Die Entwicklung dieser Gestaltungsform im 3. Korridor wird nachfolgend vorgetragen.

Sethos I

Linke Wand: Amduat 5. Stunde, 3 Register
rechte Wand: Amduat 4. Stunde, 3 Register
Am Ende des Korridors 89 cm vor dem Durchgang ist beidseitig eine Fläche als Rechteck 55 cm breit und 92 cm hoch leer gelassen und von einer gleichmäßigen, dick gemalten schwarzen Linie umrandet. Das Rechteck schließt unten unmittelbar an die Dekorationsabschlußleiste an. Auf der rechten Korridorseite ist das Ende der 4. Stunde, unteres Register so angeordnet, daß links vom Rechteck Jmj-hrt und Maat stehen, rechts von dem Rechteck erscheinen die zwei Reihen von je 7 Menschenköpfen zwischen Sonnenscheibe und Stern, darüber die geflügelte Sonnenscheibe.
Die Beischrift lautet: „Es ist das geheime Bild der Imhet. Licht ist täglich in ihr bis zur Geburt Chepris, der aus den Gesichtern der mnmnw-Schlange hervorgeht; dann entfernt sich Chepri." Es folgt eine weitere Beischrift: „Er verweilt in seiner Gestalt des buntgefiederten Gottes" (siehe hierzu E. Hornung, Das Amduat Äs Abh., S. 89, Wiesbaden 1963).
Es kann kein Zweifel bestehen, daß diese sonst an dieser Stelle im Amduat nicht zu findenden Rechtecke, die Vorläufer zu den nach Sethos I an dieser Stelle vorhandenen Nischen sind. Die Bezeichnung „Es ist das geheime Bild der Imhet. Licht ist täglich in ihr..." veranlaßt mich, nachfolgend diese Nischen kurz „Imhet-Nischen" zu nennen, zumal es möglich, wenngleich völlig unbewiesen ist, daß in diesen Nischen eine symbolisierende Wiedergabe von Licht gestanden haben kann.

Ramses II

Die Spuren der 4. und 5. Stunde des Amduat sind hier im 3. Korridor in gleicher Anordnung vorhanden. Am Ende des Korridors habe ich an beiden Seiten etwa 20—30 cm vom Türdurchgang entfernt in den vom eingedrungenen Schlamm noch bedeckten Wänden die oberen Kanten der Imhet-Nischen (die Ecken der Nischen zur Korridorwand sind stark zerstört) freilegen und somit das Vorhandensein der echten, nun nicht mehr wie bei Sethos nur „gemalten Nischen" feststellen können.

Merneptah

Linke Wand: Amduat 5. Stunde, 3 Register
rechte Wand: Amduat 4. Stunde, 3 Register
Wesentlich, und sonst an dieser Stelle in keinem anderen Grab belegt, ist das Vorkommen der 10. und 11. Stunde des Amduat an den kurzen Wandstücken, die zwischen dem Durchgang 3. Korridor/Raum E und dem annähernd quadratischen Raum E liegen.
Abweichend von dem nachfolgenden Literaturbeleg sind stets zwei gleiche, sich gegenüberliegende Nischen festzustellen, so auch bei Merneptah. Thomas, a.a.O., S. 276 gibt folgenden Kommentar:

"For the first time to our knowledge, since KV 7 (Ramses II) is uncertain in detail, Merneptah places a single niche on the left near the end of D, Da; this becomes two, Da-b in most subsequent tombs. KV 8 also and uniquely puts two pairs just beyond, near the beginning of the descent in F. None are decorated in any tomb; each probably held a divine statue."

Die exakt gearbeitete und im Gegensatz zur gegenüberliegenden völlig erhaltene Imhet-Nische der linken Korridorwand läßt einwandfrei die ehemalige Reliefdarstellung in der Nische erkennen.
An der linken Wandseite der Nischen sind je 3, an der hinteren Wand je 4, somit insgesamt fortlaufend zweimal 7 Menschenköpfe zwischen Sonnenscheibe und Stern angeordnet. Die rechte Seite zeigt Jmj-hrt in die Nische ebenso hineinblickend, wie die zur Nischenöffnung hin angeordnete Maat.
Die Nischen liegen ca. 23 cm von den abgeschlagenen Laibungen des Türdurchganges von D/E entfernt, die Größe beträgt in der Höhe 104 cm, in der Breite 77 cm, in der Tiefe 75 cm. (Es werden immer die Mittelwerte beider Nischen angegeben, diese differieren im Einzelmaß häufig bis zu 2 cm.)

Amenmesse

Über die Darstellungen im 3. Korridor ist nichts bekannt. Nischen am Ende des 3. Korridors sind in diesem von mir nicht untersuchten Grab in den vorliegenden Plänen nicht eingezeichnet.

Sethos II

Im 3. Korridor erscheint wiederum
an der linken Wand die 4. Stunde des Amduat
an der rechten Wand die 5. Stunde des Amduat.
Die Imhet-Nischen sind 26 cm vom Durchgang entfernt beidseitig angeordnet.

Höhe 103 cm, Breite 76 cm, Tiefe 74 cm, sie waren geputzt, Darstellungen oder Texte sind nicht vorhanden.

Tausert

Das, wie wiederholt bei der Einzeluntersuchung festgestellt, aus dem gültigen Schema fallende Grab Tausert bringt im Gegensatz zu allen anderen Gräbern im 3. Korridor das Totenbuch mit vier, mit Messern bewaffneten Wächtern. Die Imhet-Nischen sind nicht vorhanden.

Siptah

Theodore M. Davis, "The Tomb of Siptah", London 1908, S. 15:
"In the third hall the water has almost completely destroyed the stucco, and it is only from a few loose scraps near the door that we are able to know that it was once decorated with scenes from the book of Amduat, of which the fourth chapter began on the right-hand wall."

Weitere Hinweise sind über den 3. Korridor hinsichtlich der Dekoration nicht bekannt.

Beidseitig am Ende des 3. Korridors, 15 cm vom Durchgang entfernt, befinden sich die Imhet-Nischen. Höhe 107 cm, Breite 76 cm, Tiefe 80 cm. Die linke Nische ist, wie das gesamte Grab ab 3. Korridor, stark zerstört. Die rechte Nische weist noch sorgfältige Glättung des Felsens auf, in der Nische sind die bereits häufig erwähnten roten Markierungspunkte festzustellen, deren sichere Bedeutung noch unbekannt ist.

Ramses III

Das Amduat 4. und 5. Stunde erscheint wiederum im 3. Korridor. Die Imhet-Nische ist beidseitig offensichtlich gleichartig dekoriert gewesen. Sie ist rechts vollständig erhalten und zeigt als Streifen abgesetzt auf der hinteren Wand der Nische zwei Reihen mit je vier Köpfen und fortlaufend auf der rechten Wand zwei Reihen zu je drei Köpfen, insgesamt die 14 Köpfe des Amduats jeweils zwischen Scheibe und Stern gesetzt.

Die linke Nischenwand bringt wie bei Merneptah Jmj-hrt und Maat. Direkt über der Nische, also auf der Korridorwand, erscheint die geflügelte Sonnenscheibe.

Bei der linken Nische ist auf der linken Nischenwand einwandfrei ein Kopf zwischen Sonnenscheibe und Stern zu identifizieren. Die Nischen sind 15 cm vom Durchgang zu E entfernt, 110 cm hoch, 75 cm breit, 76 cm tief.

Ramses IV

Mit diesem Grab wird die bisherige Darstellung der 4. und 5. Stunde des Amduat aufgegeben und hier mit der Darstellung des Höhlenbuches 1. und 2. Abteilung ersetzt. Die Imhet-Nischen sind trotzdem beidseitig vorhanden, sie haben ähnliche Abmessungen wie in den vorherigen Gräbern: Abstand zum Durchgang 23 cm, Höhe 106 cm, Breite 68 cm, Tiefe 66 cm. Darstellungen oder Texte befinden sich in den Nischen nicht.

Ramses VI

Die linke Wand des 3. Korridors trägt das Pfortenbuch 6. und 7. Stunde, die rechte Wand die 3. und 4. Abteilung des Höhlenbuches. Die Imhet-Nischen sind beidseitig, nunmehr in etwas geringerer Tiefe mit folgenden Abmessungen vorhanden: 15 cm vom Durchgang entfernt, Höhe 106 cm, Breite 68 cm, Tiefe 52 cm. Die Nischen zeigen hier nur noch Texte:
linke Nische — Buch der Kuh
rechte Nische — Einleitung der 5. Abteilung des Höhlenbuches.
Bemerkenswert ist, daß damit beide Nischen gegenüber den Korridorwänden ein formal anderes Thema aussagen.

Ramses IX

Linke Wand Amduat 2. Stunde —
rechte Wand König opfernd, König als Osiris, Dämonen.
Die Imhet-Nischen sind beidseitig vorhanden, 16,5 cm vom Durchgang entfernt, Höhe 106 cm, Breite 70 cm, Tiefe 67 cm. Die Nischen tragen weder Darstellungen noch Texte.

b) Die Dekorationen des 1. Pfeilersaales

Die Reliefs, resp. Wandmalereien setzen im 1. Pfeilersaal erst mit Sethos I ein; Amenophis II bis Horemheb zeigen in diesem gutgestalteten Raum nur die nackten Felswände. Welche Sorgfalt auf die korrekte Ausarbeitung von Räumen, die keinerlei Dekorationen trugen, gelegt wurde, zeigen deutlich die Arbeitsmarkierungen. Im Grab Thutmosis IV ist zum Beispiel im 1. Pfeilersaal auf dem bereits fein behauenen, in dieser Zeit nie völlig geglätteten Fels, an der Decke die Fluchtmarkierung für den folgenden Korridor, gleichzeitig als Kontrollmessung für Fluchten und rechte Winkel in rot eingetragen. In der Voramarna-Zeit ist nur im ersten Grab, Thutmosis III, der 1. Pfeilersaal geputzt, bemalt und mit Sternendecke und hkr-Borde versehen. Die Wände tragen die Wiedergabe der 741 Götter des Amduat.
Die Entwicklung in den Darstellungen des 1. Pfeilersaals setzt mit Sethos I wie folgt ein:

Sethos I

| linke Wand | Pfortenbuch | 3.–5. Stunde |
| rechte Wand | Pfortenbuch | 5. Stunde |

Wandstück zwischen Durchgang zum Nebenraum und Abgang zum 4. Korridor:
K durch Horus dem Gott Osiris und Hathor zugeführt.
Der Nebenraum des 1. Säulensaals enthält die 9. bis 11. Stunde des Amduats.

Ramses II

Dieser Raum und seine Nebenräume sind noch vollständig unter dem Schutt verborgen, nur der Durchgang zum Grabinneren ist geräumt.

Merneptah

Linke Wand   Pfortenbuch   3.–5. Stunde
rechte Wand   Pfortenbuch   3. Stunde
über dem Abgang zum 4. Korridor:
K opfert vor Osiris.

Amenmesse

An den Wänden des 1. Pfeilersaals ist die Königin Beketwerner im Verkehr mit den Göttern gezeigt. Dieses Grab weicht auch in den Darstellungen des 1. Pfeilersaals vom Schema der zu dieser Zeit üblichen Aussage ab (siehe hierzu die Bemerkungen zum Raum E auf Seite 65).

Sethos II

Linke und rechte Wand:
Pfortenbuch 4. und 5. Stunde in Relief, jedoch "of poor quality" (Thomas, a. a. O., S. 112).

Tausert

Linke und rechte Wand:
Totenbuch mit Wächtern, der König anbetend an der rechten Wand.
"Portions of Book of the Dead 145 occur in F, but Lefébure has here only « un roi, sans cartouches, mais ne paraissant pas surchage".
(Thomas, a. a. O., S. 114).
Die Abweichungen dieses Grabes von allen anderen dieser Zeit sind allgemein und werden in einem späteren Abschnitt diskutiert.

Siptah

Das Grab ist weitgehend zerstört, resp. teilweise nie vollendet worden. Spuren einer Dekoration im 1. Säulensaal sind nicht vorhanden.

Ramses III

| Linke Wand | Pfortenbuch | 4. und 5. Stunde |
| rechte Wand | | verschiedene Szenen, einschließlich Osiris auf Totenbetten im Unterteil der Wand. |

Der Nebenraum enthält die 6. Stunde des Pfortenbuches sowie den König im Verkehr mit Göttern in zwei Szenen.

Ramses IV

Der 1. Pfeilersaal wurde offensichtlich während des Ausbaus des Grabes nach dem Tod des Königs zur pfeilerlosen Sarkophaghalle umgestaltet. Dieses ist der Größe des Raumes und der gleichen Deckenhöhe, wie sie der Raum E hat, zu entnehmen. Die Funktion dieser Sarkophaghalle ist jedoch nicht mit der des 1. Pfeilersaals und den anderen Gräbern vergleichbar.

Ramses VI

Dieses Grab ist mit dem Eingang beginnend so dekoriert, daß die Stundenfolge der verschiedenen Jenseitsbücher eingehalten wurde.
Folgerichtig mußte demnach auf Raum E links Pfortenbuch 8. und 9. Stunde, rechts Höhlenbuch 5. Abteilung

| im 1. Pfeilersaal | links Pfortenbuch | 10. und 11. Stunde |
| | rechts Höhlenbuch | 6. Abteilung |

folgen.
Diese chronologische Betonung berücksichtigt nicht mehr die bisher eingehaltene Identität von Raum und Dekoration.

Ramses IX

Der 1. Pfeilersaal trägt keine Reliefs oder Wandmalerei.

c) Zusammenfassung der Untersuchung der an den Schachtraum (E) grenzenden Räume

— Die Dekoration des 3. Korridors und des 1. Pfeilersaals beginnt mit Sethos I, vorher werden diese Räume nicht ausgestaltet (Ausnahme 1. Pfeilersaal Th III).

— Der 3. Korridor ist stets der 4. und 5. Stunde des Amduat gewidmet, die bestehenden Ausnahmen sind aus der besonderen Situation der entsprechenden Gräber verständlich und beeinträchtigen dieses Ergebnis im Grundsätzlichen nicht.

— Die Imhet-Nische, unmittelbar vor den Durchgang zum Schachtraum (E) beidseitig gesetzt, ist ein mit dem Beginn der Dekoration des 3. Korridors (Sethos I) eingeführtes und gleichartig gestaltetes Element, welches dem Schluß der 4. Stunde des Amduat gewidmet ist.

— Fehlt die 4. Stunde des Amduat, so erscheinen die Imhet-Nischen nicht (Tausert). Die Beibehaltung der Nischen mit Ramses IV ohne Amduat zeigt erneut den Zerfall der Identität zwischen Raum und Dekoration.

— Merneptah führt nach dem Durchgang zum Schachtraum (E) die 10. und 11. Stunde des Amduat an den schmalen Wandseiten, die wie eine Verlängerung des 3. Korridors wirken, ein. Hier ist ein wesentlicher Bezug auf die im Schacht von R II festgestellte 12. Stunde des Amduat vorhanden. Ob mit dem Vorkommen der 9.–11. Stunde des Amduat im Nebenraum zum 1. Pfeilersaal bei S I ein ähnlicher Bezug vorliegt, ist nicht erkennbar.

— Der 1. Pfeilersaal ist stets der 4. und 5. Stunde des Pfortenbuches gewidmet; die Ausnahmen entsprechen denen des 3. Korridors und beeinträchtigen das erkannte Schema nicht.

— Die bisherige Einheit von Raum und Dekoration wird mit Ramses IV aufgegeben, die Trennung dieser Einheit ist mit Ramses VI vollendet.

5. Die Notdekorationen

Unter Notdekorationen sind Wandmalereien zu verstehen, die in denjenigen königlichen Grabanlagen vorhanden sind, die in einem frühen Ausbaustadium kurzfristig für den unvorhergesehenen Tod des Königs so hergerichtet werden mußten, daß sie den Mindestbedingungen eines königlichen Grabes entsprachen. Diese Bedingungen erfüllen im Tal der Könige drei Grabanlagen:

Tut-ench-Amun

— Offensichtlich ein für diesen König nicht vorgesehenes Grab. Die Grabanlage entspricht nicht der Bauform königlicher Gräber in der 18.–20. Dynastie.

Eje

"WV 23, briefly, could only have been designed for a king later than Amenhotep III. Its prospective owners and partial excavators could have been Amenhotep IV, Smenkhkare, Tutankhamen, and Ay. Presently, without a search for foundation deposits, thorough examination of the cleared tomb, or inscriptional evidence, the four successively appear to warrant consideration." (Thomas, a. a. O., S. 92)

Ramses I

"The reign of Ramses I, who was probably old at the death of Horemheb, was brief and his unfinished tomb was hastily prepared for his burial ... The plan is similar to the preceding 57 in its slightly shortened, well cut outer sections, A—C. The king's death presumably occured at this point — the recesses are unfinished — and the projected corridor D was enlarged to sarcophagus hall. Its ceiling is unfinished and undecorated, in spite of Belzoni's implication. Imperfect, hurried dressing of the walls presumably made necessary the thick plaster, in contrast to the well finished rock of 57 and the fine, thin plaster sometimes required in 17 (Sethi I)." (Thomas, a. a. O., S. 103 f.)

Alle drei Gräber sind innerhalb der Sarkophaghalle ausschließlich in Wandmalerei ausgeführt.

Hinsichtlich der Räume ist Tut-ench-Amun nicht vergleichbar, während die den Planungen königlicher Grabanlagen genau entsprechenden Gräber Eje und Ramses I einen unterschiedlichen Baufortschritt zeigen, Eje's 1. Pfeilersaal ist Sarkophaghalle, Ramses' I dritter Korridor wurde zur Sarkophaghalle erweitert.

Diese drei Gräber enthalten in der Sarkophaghalle folgende Darstellungen:

Tut-ench-Amun

— K gefolgt von Anubis und [Isis, die nini macht] erhält Leben von westl. Hathor
— Amduat 1. Stunde, 4 Register
    1. Register Chepre-Barke mit 5 Göttern
    2.–4. Register in jedem 4 Paviane
— Neun Männer und drei Beamte ziehen den Sarg auf einem Schlitten
— Eje vollzieht die Mundöffnung am mumifizierten König
— K vor Nut, die nini macht
— K mit Ka, umarmt von Osiris

Eje

— Barke mit zwei Falken-Standarten, Nephthys und Barke mit Enneade. Darunter das Totenbuch 130, 141–142 und 144
— K mit Königin Teje auf der Flußpferdjagd, im Kanu und K auf der Vogeljagd im Kanu
— Amduat 1. Stunde 4 Register
    1. Register Chepre-Barke mit 5 Göttern
    2.–4. Register in jedem 4 Paviane
— über dem Durchgang zum Nebenraum:
— Horus-Söhne am Opfertisch
— K umarmt von Hathor
— K mit Ka, vor Nut, die nini macht
— K mit Ka, erhalten von Hathor Leben
— K umarmt von Osiris-Onnophris

Ramses I

— beiderseits des Eingangs Maat, zum Durchgang sehend

— K vor Ptah und Djed-Pfeiler
— K opfert Wein vor Nefertem mit Emblem
— K wird von Harsiesis und Anubis geleitet
— Pfortenbuch 2. und 3. Stunde
— K mit Salbenopfer
— K kniet zwischen den Seelen von Pe und Nechen
— K bringt 4 Kästen mit farbigen Kleidern Amun-Re-Chepre dar
— K wird von Harsiesis, Atum und Neith zu Osiris-Onnophris und Inmutef geführt
— Nische: widderköpfiger Gott, der Osiris vor die Schlangengottheit Nesert hält (aus der 3. Stunde des Pfortenbuches).
Die nachfolgenden Darstellungen sind mit gleicher Aussage in anderen Gräbern vorzufinden:
1. Amduat 1. Stunde (Tut-ench-Amun, Eje) ebenfalls *Sarkophaghalle* Th III, A II, A III (sämtlich 1.–12. Stunde)
2. Pfortenbuch 2. und 3. Stunde (Ramses I) ebenfalls *Sarkophaghalle* Hor. (1.–5. Stunde), S I (1., 2., 4. Stunde), R II (1. und 2. Stunde), R IV (1.–4. Stunde)
1. Nebenraum zur Sarkophaghalle S I (3. Stunde), R II (3. Stunde)
2. Korridor Mern. (2. und 3. Stunde)
Die Wiedergabe des Amduat und des Pfortenbuches in diesen 3 Gräbern entsprechen damit den festgestellten Entwicklungsphasen.
Die Gräber Tut-ench-Amun und Eje entsprechen mit der Darstellung des Amduat der Voramarna-, das Grab Ramses I mit dem Pfortenbuch der Nachamarna-Zeit. Die wiedergegebenen Stunden finden sich in der Sarkophaghalle der vergleichbaren Gräber.
3. Der König im Verkehr mit Göttern
a) K gefolgt von Anubis und Isis erhält Leben von westl. Hathor (Tut-ench-Amun)
Die gleiche Szene wiederholt sich in keinem anderen Grab, ähnliche Szenen sind in der Nachamarna-Zeit wiederholt vorhanden, Isis erscheint erst mit Hor.
b) K vor Nut, die nini macht (Tut-ench-Amun)
K mit Ka, umarmt von Osiris (Tut-ench-Amun)
Die erste Szene erscheint bei A III, Raum E und I, jedoch hier mit des Königs Ka, die zweite Szene wiederholt sich bei Eje.
c) K umarmt von Hathor (Eje)
ebenfalls Hor. (Raum I), S I (Raum I) und Darstellung auf Pfeilern.
d) K mit Ka vor Nut, die nini macht (Eje)
ebenfalls bei A III Raum E und I und Tut-ench-Amun.
e) K mit Ka, erhalten von Hathor Leben (Eje)
ebenfalls bei A III Ähnlichkeit in 2 Szenen Raum E mit Ka, umarmt von Hathor, Raum I ohne Ka, erhält Leben von Hathor.
f) K umarmt von Osiris-Onnophris (Eje)
Diese Szene findet sich nicht in gleicher Art in anderen Gräbern, ähnliche Darstellungen des Königs vor Osiris sind vielfältig vorhanden.
g) K vor Ptah und Djed-Pfeiler (R I)
K opfert Wein vor Nefertem mit Emblem (R I)

Diese Darstellung von Ptah und Nefertem wie bei R I als beidseitig auf den Durchgang bezogenes Motiv erscheint bei
    Hor.   Raum E
    S I   Raum E, 1. Pfeilersaal
h) K wird von Harsiesis und Anubis geleitet (R I)
Die gleiche Darstellung findet sich nicht wieder, ähnliche Szenen finden sich bei Hor. und S I.
i) K kniend zwischen den Seelen von Pe und Nechen (R I) wiederholt sich in der Sarkophaghalle S I, die zur Raumachse liegenden Pfeilerflächen zeigen hier auf der einen Seite die knienden Seelen von Pe, auf der anderen von Nechen.
j) K wird von Harsiesis, Atum und Neith zu Osiris-Onnophris und Inmutef geführt (R I).
Die Darstellung wiederholt sich nicht.
Die Reihenfolge Harsiesis, Atum, Neith wiederholt sich allerdings im 1. Pfeilersaal S I,
rechte Säulenreihe (Blickrichtung Grabinneres)
Hinterseite 1. Pfeiler, Vorderseite 2. Pfeiler, Hinterseite 2. Pfeiler.
4. Die in 1.–3. nicht genannten Darstellungen lassen sich mit entsprechenden Bezügen zu anderen Gräbern nicht einordnen. Offen bleibt, ob die Mundöffnungsszene bei Tut-ench-Amun ein thematischer Bezug auf die ab S I beginnenden umfangreichen Darstellungen im 4. und 5. Korridor bedeutet.
Zusammenfassend kann festgestellt werden, daß
— die Notdekorationen die Themen der Jenseitsbücher und des Königs im Verkehr mit den Göttern entsprechend ihrer Entwicklungsphase wiederholen,
— die Wiedergabe der Amduat-, resp. Pfortenbuch-Stunden der Sarkophaghalle zuzuordnen sind,
— eine Raumzuordnung: Schachtraum, Vorraum, Pfeiler des 1. Pfeilersaals und der Sarkophaghalle für die Szenen des Königs im Verkehr mit den Göttern möglich ist.
Eine Aussage, die einen entscheidenden Beitrag für die Erklärung der Bedeutung des Schachtes gibt, kann aus den Notdekorationen nicht gewonnen werden. Bedeutsam ist, daß auch in diesen Gräbern für unerläßlich gehalten wurde, sowohl Jenseitsbücher als Ritualhandlungen des Königs wiederzugeben.

6. Zusammenfassung des Untersuchungsergebnisses Wandmalereien und Reliefs

Die wesentlichen Ergebnisse dieser Untersuchung sind:

— Dem Themenumfang und Standort der Dekorationen lag ein einheitlicher Plan zugrunde; abgrenzbare Entwicklungsphasen sind deutlich feststellbar.

— Den einzelnen Räumen sind bestimmte stets wiederkehrende Themen zugeordnet.

— Der Schachtraum (E) ist, solange die Einheit zwischen Raum und Dekoration besteht (bis Ramses III), stets dem König im Verkehr mit den Göttern des Totenkultes, seit Merneptah den Horus-Söhnen und Kanopengöttinnen gewidmet.

— Der Raum I und die Pfeiler der Grabanlagen sind in der Nachamarna-Zeit teilweise oder vollständig anderen Göttern als denen des Raum E gewidmet, während in der Voramarna-Zeit eine absolute Identität bestand.

— Der Schacht ist bei Th III so verputzt, daß mit an Sicherheit grenzender Wahrscheinlichkeit eine Dekoration der unter dem ursprünglichen Bodenniveau liegenden Schachtwände angenommen werden muß.
R II dekoriert diese Schachtwände mit der 12. Stunde des Amduat.
Merneptah, dessen Schacht niemals ab ursprünglichem Bodenniveau ausgegraben wurde, gibt als direkter Nachfolger von R II den Hinweis auf die 12. Stunde des Amduat, durch die 10. und 11. Stunde am Beginn des Raumes E.

— Mit Beginn der erweiterten Grabdekoration (S I) ist der dem Raum E angrenzende 3. Korridor der 4. und 5. Stunde des Amduat, der 1. Pfeilersaal der 4. und 5. Stunde des Pfortenbuches gewidmet. Das Ende der 4. Stunde des Amduat und/oder das Ende des 3. Korridors wird durch „Imhet-Nischen" betont.
In der Sarkophaghalle erscheint in der Nachamarna-Zeit statt des Amduat das Pfortenbuch (Übergangsphasen bis Ramses II).

— Die Notdekorationen bestätigen das festgestellte Ergebnis, insbesondere da es erforderlich war, sowohl Jenseitsbücher als auch König-/Götterdarstellungen wiederzugeben.

Es ist somit bewiesen, daß jedem Raum der königlichen Grabanlage eine bestimmte Aussage und damit die Funktion zugewiesen worden ist. Die Frage, ob in der Voramarna-Zeit die nicht dekorierten Korridore und der 1. Pfeilersaal die gleiche Funktion hatten, wird in einem gesonderten Abschnitt behandelt.
Die Text- und Bildaussagen behandeln zwei Hauptthemen, die Jenseitsbücher und Szenen des Rituals.
Die Aussage des Schachtraumes (E) ist ausschließlich das Ritual, die des Schachtes mindestens im Fall R II Jenseitsbuch.

IV. DIE BEISCHRIFTEN ZU DEN KÖNIGS-KARTUSCHEN IM RAUM E

Dieser Arbeit ist nicht die Aufgabe gestellt, einen zusammenfassenden Vergleich der Inschriften vorzunehmen, so daß nachfolgend nur auf die Beischriften eingegangen wird, die zur jeweiligen figürlichen Darstellung des Königs, resp. seinen Kartuschen gesetzt sind. Die vergleichende Wertung aller im Raum E vorgefundenen Inschriften kann nur in einer gesonderten Arbeit behandelt werden.
Die strenge Beschränkung auf die Beischriften zum König und zu den Königskartuschen vermag jedoch die nachfolgende überraschende Aussage zu geben:

1. Phase Voramarna-Zeit

Für diese Phase stehen uns nur zwei Gräber zur Verfügung, Thutmosis IV und Amenophis III.
Die kurzen Beischriften bei Thutmosis IV zeigen nur folgende Varianten:

    Der gute Gott   (K)*   geliebt von Osiris
    Sohn des Re   (K)   geliebt von Osiris
    Sohn des Re   (K)   möge ihm Leben gegeben werden

(* hier und nachfolgend bedeutet (K) = Kartusche)
Die ebenso kurzen Beischriften bei Amenophis III erweitern die Varianten:
    Der gute König (K) Sohn des Re (K) möge ihm Leben gegeben werden wie Re ewiglich.
    König von Ober- und Unterägypten (K) Sohn des Re (K) möge ihm Leben gegeben werden wie Re.
    Der gute Gott (K) Sohn des Re (K) möge ihm Leben gegeben werden wie Re.
Bei einer Gruppe (König vor Anubis) steht zusätzlich in einer senkrechten Zeile:
    Der gute Gott, Herr beider Länder, Herr der Tätigkeit.
Bemerkenswert ist, daß in der Notdekoration des Grabes Eje folgende Beischriften vorhanden sind (vergleichbare Szenen zum Raum E):
    Sohn des Re (K) der gute Gott (K)

Herr der Diademe (K) Herr der beiden Länder (K)
Sohn des Re (K) Herr der Diademe (K)
der gute Gott, Herr der beiden Länder.

2. Phase Nachamarna-Zeit (bis Ramses II)

Horemheb (Text aus Erik Hornung „Das Grab des Horemheb im Tal der Könige",
Bern 1971).
Varianten der Beischriften:
> Der Herr der beiden Länder (K) Herr der Diademe (K) geliebt von Amun, selig
> bei Osiris, dem größten Gott, Herr des Westens.
> Der Herr der beiden Länder (K) Herr der Diademe (K) selig bei Osiris, dem
> Gott, Herrn von Busiris.
> Der Herr der beiden Länder (K) Herr der Diademe (K) selig bei Osiris, dem
> größten Gott, dem Herrn von Abydos.
> Der Herr der beiden Länder (K) Herr der Diademe (K) selig.
> Der Herr der beiden Länder (K) Herr der Diademe (K) selig bei Osiris, dem
> Herrn des Westens, dem größten Gott, Herrn des Himmels.
> Der Herr der beiden Länder (K) Herr der Diademe (K) selig bei Osiris, Herr von
> Abydos, dem größten Gott, Herr von Busiris.
> [König] Osiris (K) Sohn der Sonne [K].

Sethos I, Varianten der Beischriften sind nicht vorhanden, die Beischrift lautet
stets:
> Sohn des Re (K) König Osiris (K).

Die Beischriften in den Notdekorationen des Grabes Ramses I kennen gleichfalls nur
eine Form (vergleichbare Szenen zum Raum E):
> Sohn des Re (K) König Osiris (K).

3. Phase Nachamarna-Zeit (Merneptah bis Ramses III)

Der König erscheint in dieser Phase im Raum E nicht mehr (siehe Abschnitt Dekorationen), jedoch erscheinen die Königskartuschen mit kurzen Beischriften.
Verwendbare Veröffentlichungen über die Inschriften dieser Räume liegen nicht vor,
so daß mein eigenes Fotomaterial zur Identifizierung herangezogen werden mußte.
Zum Teil sind die Wände in einem schlechten Erhaltungszustand, resp. Teile vollständig zerstört, so daß die nachfolgenden Angaben unvollständig sein könnten.
Merneptah, die Inschriften mit den Kartuschen, stehen über den figürlichen Darstellungen und lauten:

Herr der beiden Länder (K) Herr der Diademe (K)
in einem Fall an der rechten Wand schwer leserlich:
  Herr der Diademe (K) König Osiris (K)
an der Ausgangswand
  König Osiris (K).
Tausert, die Kartuschen sind nunmehr zwischen die Götterfiguren gesetzt und weisen wie die Kartuschen zwischen den Durchgängen folgende Beischrift auf:
  Herr der beiden Länder (K)
  Herr der Diademe.
Ramses III, die Kartuschen sind an der rechten Wand über, an der linken Wand zwischen die Götterfiguren gesetzt, die Beischriften lauten:
  Herr der beiden Länder (K) wahr an Stimme
  Herr der Diademe (K) wahr an Stimme.
Im Durchgang zu F sind die Beischriften erweitert:
  Herr der beiden Länder
  Sohn des Re
  Herr der Diademe.
Diese kurze Zusammenstellung der Beischriften zu den Kartuschen ergibt folgende Entwicklung:
In der Form Voramarna-Zeit entwickeln sich die Beischriften von Thutmosis IV
  Der gute Gott, Sohn des Re
bei Amenophis III zusätzlich
  König von Ober- und Unterägypten
  Herr beider Länder
bei Eje zusätzlich
  Herr der Diademe.
Die wesentliche Aussage ist, daß es sich um den König, als Sohn des Re handelt, der noch mit den Insignien seines bisherigen Königtums ausgestattet ist.
Dieses verändert sich entscheidend in der Nachamarna-Zeit, bei Horemheb an den 3 Wänden, Eingangswand, rechte und linke Wandseite erscheint der König noch im Besitz der selben Insignien
  Herr beider Länder, Herr der Diademe
jedoch mit dem Zusatz
  selig bei Osiris
um an der Ausgangswand die Beischrift
  [König] Osiris, Sohn der Sonne
zu erhalten, die in den Gräbern Ramses I und Sethos I dann ausschließlich erscheint.
Erstaunlicherweise bringen die folgenden Gräber Merneptah, Tausert, Ramses III wieder die gleichen Beischriften wie in der Voramarna-Zeit
  Herr der beiden Länder, Herr der Diademe
allerdings bei Merneptah auch noch
  König Osiris.
Aus dieser Entwicklung ist belegbar, daß in der Nachamarna-Zeit ein Wandel in der

Auffassung über die Wesenheit des Königs im Raum E vorliegt. Hornung, Haremhab, S. 29 f. hat darauf zutreffend hingewiesen:

„Im Schacht trat er noch mit dem irdischen Titel ‚Herr der beiden Länder' und mit seinem Horus-Namen auf, um beim Verlassen des Schachtes (auf der Rückwand) die Rolle des ‚Osiris' anzunehmen, die in der Vorkammer spielt. Nun, im Durchgang zur Sarkophagkammer tritt ihm links und rechts die Göttin Maat entgegen, um ihn zu ‚empfangen' und sicher über die Jenseitspfade zu geleiten, so wie die beiden Maat-Göttinnen allnächtlich den Sonnengott auf seiner Unterweltsfahrt durch alle Gefahren hindurchführen." (Anm. 33 siehe „Amduat" II/17)

In den folgenden Gräbern setzt sich die mit Horemhab eingeleitete Entwicklung fort, bei Ramses I und Sethos I ist der König mit Betreten des Raumes zum

Sohn des Re, König Osiris

geworden.

An dieser Stelle muß jedoch der Bezug zu dem Abschnitt Dekorationen hergestellt werden, um die folgende Entwicklung, die mit Merneptah einsetzt, verständlich zu machen.

Die entscheidenden Entwicklungen können sowohl in der figürlichen Darstellung, wie auch den Beischriften im Vergleich der Gräber Amenophis III — Horemhab — Merneptah dargestellt werden.

Amenophis III erweitert den Götterkreis gegenüber Thutmosis IV um die westl. Göttin, Nut und den göttlichen Ka.

Hierbei handelt es sich offensichtlich nach der getroffenen Anordnung um Entsprechungen, denn an der Eingangswand allein erscheint der König mit seinem Ka und zwar links umarmt von Hathor und rechts vor Nut. Hornung, Haremhab, S. 26 erklärt dieses:

„Damit wird der König in den Himmel (Nut) wie in die Unterwelt (Hathor als thebanische Totengottheit) aufgenommen."

Weder aus der Entwicklung der Beischriften zu den Kartuschen, noch aus der figürlichen Darstellung ist demnach etwas anderes als eine Fortentwicklung der Aussage aus dem Grabe Thutmosis IV zu erkennen. Horemhab jedoch erweitert den Götterkreis weiterhin um Harsiesis (Horus-Sohn-der-Isis), Isis und bringt zusätzlich Anubis auf dem Schrein.

Die Auffassung: „Wie es scheint, hat Horus zumindest im Schacht die Nachfolge des königlichen Ka angetreten, der bei Amenophis III an der gleichen Stelle des Schachtes, mit dem königlichen Horus-Namen auf dem Haupt, dargestellt ist. Bei Horemhab erscheint der Horus-Name des Königs in den Götterreden der Schachtwände." (Hornung, Haremhab, S. 28) berücksichtigt nicht, daß gleichzeitig Isis in den Raum aufgenommen wurde und vor allem, daß die Szenen „König wird von Harsiesis zu Isis geführt" und „König vor Osiris, Anubis und Harsiesis" eher die Verbindung Osiris-Isis-Harsiesis annehmen lassen.

Zusammen mit der von Hornung so klar erkannten Änderung der Beischrift zur Kartusche der Ausgangswand von „Herr der beiden Länder, Herr der Diademe" in „[König] Osiris, Sohn der Sonne" scheint das stärkere Eindringen osirianischer Glaubensvorstellungen unabweisbar.

Phase Nachamarnazeit (Merneptah bis Ramses III)

Merneptah bricht mit der bisherigen Tradition vollständig, der König erscheint nicht mehr im Raum E.

Um die Besonderheit des Grabes Merneptah zu erkennen, muß das Prinzip dieser Dekoration vor Augen gehalten werden.

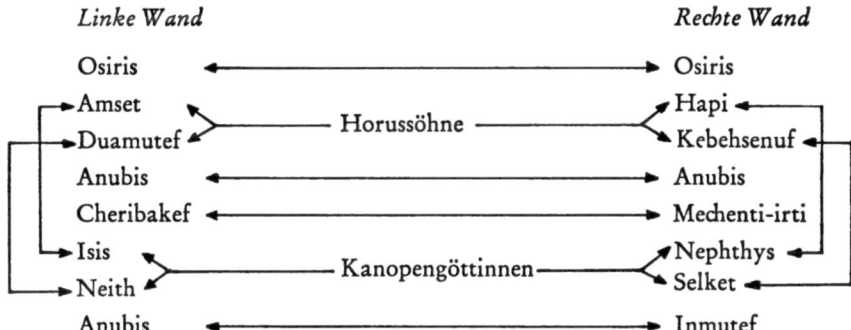

Damit ist eindeutig ein Zusammenhang Cheribakef und Mechenti-irti gegeben. Die erste Gruppe Osiris und die letzte Gruppe Anubis/Inmutef stehen auf den Schmalseiten neben den Durchgängen, während die übrigen Szenen jeweils nebeneinander an der gleichen Wand mit Blickrichtung zum Grabeingang ausgerichtet sind. Damit ist die Gruppierung

	Cheribakef	
Horussöhne —	Anubis	— Kanopengöttinnen
	Mechenti-irti	

gegeben und damit der Zusammenhang von Cheribakef und Mechenti-irti zu den sie umgebenden Figuren festgestellt.

Folgende Beischriften sind für beide Götter im Raum E vorhanden:

Cheribakef

Oben, in der Kolumne vor dem Schnabel des Gottes
„Worte zu sprechen durch Ḫrj — Bȝ k. f.",
Kolumne 2—4:
jeweils der Name Merneptahs mit den Attributen
2. Kolumne: „Osiris, König, Herr der beiden Länder"
3. Kolumne: „Sohn des Re, der aus seinem Leib hervorgekommen ist, Herr der Kronen".
Unten, unterhalb der ausgestreckten Hand des Gottes: „Ich habe dir den Thron (oder Sitz) gegeben im Heiligen Land (tȝ ḏsr)".

Mechenti-irti

Oben: „Worte zu sprechen durch Horus-Mḫntj-irtj". Die Königsattribute entsprechen denen von Cheribakef, jedoch ohne das Beiwort „der aus seinem Leib hervorkam".

Der untere Text, die Aussage des Gottes enthaltend, ist nicht mehr identifizierbar, die Wand ist stark zerstört. (Abschrift Dr. Dino Bidoli anläßlich der gemeinsamen Untersuchung des Grabes.)

Nach diesen Gegebenheiten muß versucht werden, den Zusammenhang der beiden Götter Cheribakef und Mechenti-irti zu finden. Weder die umfassende Arbeit von H. Junker, „Der sehende und blinde Gott", noch die Hinweise in Maj Sandman-Homberg, The God Ptah, Lund 1946, S. 147 ff., geben hier einen Zusammenhang beider Götter.

Bedauerlicherweise ist bei H. Junker, Die Stundenwachen in den Osirismysterien, S. 4 die Übersetzung nicht beendet worden, die ergibt, daß, wie auch in der Liste der Stundengötter (K. H. Brugsch, Thesaurus, 821 f.), Cheribakef und Mechenti-irti unmittelbar nebeneinander genannt werden. Gleichzeitig wird von Brugsch auf das XVII. Kapitel des Totenbuches hingewiesen. Hierzu aus Urk. V. 44 ff. (Spruch 17, Abschnitt 20, Übers. S. 18 f.):

Seid gegrüßt, ihr Herren der Wahrheit, Götterschaft hinter Osiris, die die hinter der Hetepes-chews befindlichen Sünder verwunden! Sehet mich, wie ich zu euch komme, damit ihr alles Böse an mir vertreibt, gleichwie ihr diesen sieben Verklärten getan habt, die dem Herrn von Sepe folgen; Anubis hatte ihr Sitze bereitet an jenem Tage „Komme dorthin".

Glossen: Was bedeutet es? Diese Götter, die Herren der Wahrheit, das sind Seth und Isdes, der Herr des Westens. Die Götterschaft hinter Osiris: Imset, Hepi, Dwemetef und Kebehsnewf, das sind die, welche hinter dem „Oberschenkel" am Nordhimmel sind. Die Sünder hinter der Hetepes-chews verwunden, das sind die Sobeks im Wasser. Die Hetepes-chews, das ist das Auge des Re. Nach anderer Meinung: das ist das Feuer; es befindet sich hinter Osiris und verbrennt die Seelen seiner Feinde.

Aber alles Böses an mir, das ist, was NN unter den Herrn der Ewigkeit tat, seit er aus dem Mutterleibe kam. Aber diese sieben Verklärten: I. Imset, II. Hepi, III. Dwemetef, IV. Kebehsnewf, V. „Der seinen Vater schaut", VI. „Der unter seinem Ölbaum Sitzende", VII. „Horus der beiden Augen"; das bedeutet, sie wurden durch Anubis zum Schutz des Osirisgrabes bestimmt. Nach anderer Meinung: hinter die Balsamierungsstätte des Osiris gesetzt.

Die Dekoration weist einerseits darauf hin, daß die dargestellten Götter den Leib des Osiris zu schützen haben, andererseits die Inschriften, daß der König, wenngleich nicht dargestellt, angesprochen wird.

Dieses ist nur dadurch erklärbar, daß der zum „König Osiris" gewordene König innerhalb des Raumes als leiblich anwesend angenommen wird, d. h., während des Begräbniszuges durch diesen Raum E. Offen bleibt, ob der Schacht in diesem Falle als symbolisches Grab des Osiris gedacht ist. Ein wesentlicher Beleg hierfür kann die 12. Stunde des Amduat sein, die bei Ramses II im Schacht erscheint und die Wiederauferstehung verheißt. (Siehe hierzu den Hinweis auf die 12. Stunde, durch die 10. und 11. Stunde des Amduat im Raum E bei Merneptah.)

Die mit Horemheb eingetretene Betonung osirianischer Glaubensvorstellungen erfährt offensichtlich eine konsequente Weiterentwicklung im Grabe Merneptah's, die dann auch in den folgenden Gräbern Tausert und Ramses III beibehalten wird. Auch hier deuten die Beischriften auf den nicht dargestellten, im Raum selbst vorgestellten König hin. Aus welchem Grunde die Beischriften zu den Königskartuschen nun nicht mehr die bisherige Bezeichnung „König Osiris" führen, ist jedoch nicht erklärbar.

V. DIE STELLUNG DES AMDUAT IN DEN KÖNIGLICHEN GRABANLAGEN

1. Das Amduat in den verschiedenen Räumen der Grabanlagen

Das Amduat ist außer den Beischriften zu den Darstellungen des Königs im Verkehr mit den Göttern der alleinige Text, der in den Gräbern der Voramarna-Zeit erscheint (Ausnahme der kurze Text auf den Pfeilern im Grabe Thutmosis III). Während dieser Zeit werden alle 12 Stunden des Amduat an den Wänden der Sarkophaghalle wiedergegeben.

Die beiden folgenden Gräber mit Notdekorationen, Tut-ench-Amun und Eje, geben ebenfalls in der allein dekorierten Sarkophaghalle das Amduat, offensichtlich aus Platzmangel anstelle des gesamten Amduat nur die Hauptszenen der 1. Stunde wieder; wie wir annehmen können, ersetzt diese Wiedergabe den vollen Wortlaut und damit Inhalt dieses Jenseitsbuches für diese Gräber.

Mit Horemheb verschwindet das Amduat weitgehend aus der Sarkophaghalle und wird vom Pfortenbuch ersetzt.

Nach den Angaben von Hornung, „Das Amduat", aus den den einzelnen Stunden vorangestellten Quellen, erscheint das Amduat nunmehr:

Horemheb

keine

Ramses I

keine

Sethos I

1.–3. Std. Sarkophaghalle
4. + 5. Std. 3. Korridor
6.–8. Std. Nebenraum zur Sarkophaghalle
9.–11. Std. Seitenraum zum 1. Pfeilersaal

Ramses II

2. + 3. Std. Sarkophaghalle
4. + 5. Std. 3. Korridor
6. + 7. Std. Nebenraum zur Sarkophaghalle
12. Std. Nebenraum zur Sarkophaghalle
12. Std. im Schacht (eigene Feststellung)

Merneptah

2., 3. + 12. Std. 2. Korridor
4., 5. + 9. Std. 3. Korridor
10. + 11. Std. Eingang Raum E

Amenmesse

keine Feststellungen in diesem unfertigen und teilzugänglichen Grab

Sethos II

1.–3. Std. 2. Korridor
4. + 5. Std. 3. Korridor

Tausert

6.–9. Std. im Korridor nach 1. Sarkophaghalle

Siptah

1.–3. Std. 2. Korridor
4. + 5. Std. 3. Korridor

Ramses III

1.–3. Std. 2. Korridor
4. + 5. Std. 3. Korridor
(bei entsprechender Angleichung der Korridorfolge an die übrigen Gräber)

Ramses IV

1. Std. in den Räumen nach der Sarkophaghalle
2. Std. vor der Sonnenhymne 1. Korridor

Ramses VI

1.–3. Std. und 6.–8. Std. 4. Korridor
4. + 5. Std. und 8.–11. Std. 5. Korridor

Ramses IX

2. + 3. Std. im 3. Korridor

Nach PM, Angaben zu den folgenden Gräbern, erscheint das Pfortenbuch:

Horemheb

1.–5. Std. Sarkophaghalle

Ramses I

2. + 3. Std. Sarkophaghalle

Sethos I

4. + 5. Std. 2. Pfeilersaal
1., 2. + 4. Std. Sarkophaghalle
3. Std. 1. Nebenraum

Ramses II

1. + 2. Std. Sarkophaghalle
3. Std. 1. Nebenraum
5. Std. 5. Nebenraum

Merneptah

2. + 3. Std. 2. Korridor
3.–5. Std. 1. Pfeilersaal
8. Std. Sarkophaghalle

Amenmesse

keine Feststellungen in diesem unfertigen und teilzugänglichen Grab

Sethos II

4. + 5. Std. 1. Pfeilersaal

Tausert

6. + 8. Std. 1. Sarkophaghalle
8. + 12. Std. 2. Sarkophaghalle

Siptah

keine Feststellungen

Ramses III

4. + 5. Std. 1. Pfeilersaal
6. Std. in seinem Nebenraum
Sarkophaghalle ohne Stundenbenennung

Ramses IV

1.–4. Std. Sarkophaghalle

Ramses VI

1.–7. Std. in den drei Eingangskorridoren
8. + 9. Std. Raum E
10. + 11. Std. 1. Pfeilersaal
12. Std. 5. Nebenraum

Ramses IX

keine Feststellungen

Aus dieser Zusammenstellung ergibt sich, daß das Amduat in der Nachamarna-Zeit für folgende Räume bestimmt war:

    1.–3. Std.   Sarkophaghalle (S I u. R II)
    1.–3. Std.   2. Korridor (bis R III)
    4. + 5. Std.   3. Korridor (S I – R III)
    6.–8. Std.   Nebenraum zur Sarkophaghalle (S I u. R II)

Einzelne Abweichungen:
Merneptah bringt die 12. Stunde im 2. Korridor, die 9. Stunde im 3. Korridor und zum Eingang des Raumes E die 10. und 11. Stunde (jeweils Einleitungstexte).
Sethos I bringt die 9.–11. Stunde im Nebenraum des 1. Pfeilersaals.
Ramses II die 12. Stunde im Schacht und im Nebenraum zur Sarkophaghalle.
Tausert die 6.–9. Stunde in dem der ersten Sarkophaghalle folgenden Korridor.

Die Gräber ab Ramses IV weisen Übereinstimmungen, wie oben ausgeführt, nicht mehr auf.

Das Pfortenbuch war für folgende Räume bestimmt:
    1.—5. Stunde Sarkophaghalle bzw. deren Neben-Räume (Hor, S I, R II)
    4. + 5. Stunde 1. Pfeilersaal (S I, Mern., S II, R III)

Einzelne Abweichungen:
Merneptah bringt im 2. Korridor die 2. + 3. Stunde und die 8. Stunde in der Sarkophaghalle.
Tausert die 6. + 8. Stunde in der ersten, die 8. + 12. Stunde in der zweiten Sarkophaghalle.
Ab Ramses IV sind entsprechende Übereinstimmungen wie oben nicht mehr feststellbar.
(Sowohl beim Amduat als Pfortenbuch sind auch dann die jeweiligen Stunden angeführt, wenn nur die Einleitung oder Teile für die ganze Stunde stehen.) Der Vergleich der beiden Listen läßt erkennen, daß eine echte Auswechslung des Pfortenbuches mit dem Amduat in den Räumen keineswegs vollständig stattgefunden hat. Bei Sethos I und Ramses II stehen die 1.—3. Stunde des Amduat mit der 1. und 2. Stunde des Pfortenbuches (auch 4. bei S I) gleichermaßen an den Wänden der Sarkophaghalle. Eine ähnliche Überschneidung gibt es bei Merneptah in den Eingangskorridoren.

2. Das Amduat in seiner Beziehung zum Schachtraum (E)

Mit der ersten vollständigen Dekoration aller Räume der Grabanlagen wird die 4. und 5. Stunde des Amduat im 3. Korridor unmittelbar vor dem Durchgang zum Schachtraum endend, jeweils eine Stunde an jeder Wandseite, wiedergegeben (beginnend mit Sethos I und endend mit Ramses III).
Im Abschnitt Dekorationen wurde nachgewiesen, daß im Mittel zwischen 15—25 cm vor dem Durchgang zum Schachtraum beidseitig Nischen in den Korridorwänden ausgehauen wurden, die die Schlußszene der 4. Stunde aufgenommen haben und die von mir abgekürzt „Imhet-Nischen" genannt werden.
Diese Nischen erscheinen bei Sethos I noch nicht, sondern werden dort als gemalte, leere Rechtecke gebracht, die Schlußszenen der 4. Stunde werden hier seitlich der gemalten Rechtecke gesetzt.
Ramses II gibt im Schacht selbst die 12. Stunde Amduat wieder; wie weit die Darstellungen und Inschriften in den Schacht reichen und ob die gesamte 12. Stunde wiedergegeben wird, kann erst nach vollständiger Säuberung des Schachtes beantwortet werden (siehe Abschnitt Dekorationen).

Einen weiteren Hinweis auf die 12. Stunde bringt Merneptah, der in den schmalen Korridorstücken im Raum E Teile der 10. und 11. Stunde bringt.
Nachfolgend wird die Frage, welche Beziehung die 4., 5. und 12. Stunde zum Schachtraum haben, behandelt. (Unter Verwendung und Zitierung von Hornung, „Das Amduat".)

3. Die graphische Gestaltung der 4. und 5. Stunde

Im Aufbau nehmen im Amduat drei Stunden eine Sonderstellung dadurch ein, daß hier eine graphische Verbindung der drei untereinander stehenden Register gegeben ist.
In der 4. Stunde verbindet die drei Register der dreimal geknickte Weg, in der 5. Stunde ragen Elemente des oberen und unteren Registers in das Mittelregister hinein, in der 12. Stunde laufen die beiden Sandstreifen, die alle Stunden des Buches oben und unten begrenzen, am Ende zu einem ovalen Abschluß zusammen.
Die graphische Gestaltung der 4. Stunde weist auf die besondere Bedeutung des dreimal geknickten Weges hin. Der Weg beginnt unmittelbar an der linken oberen Kante des oberen Registers, endet jedoch vor der letzten Szene des unteren Registers, jener Szene, die in den Nischen vor dem Korridorende angebracht ist und schließt mit der unteren Registerschlußleiste ab. Die Gestaltung weist eindeutig auf einen Weg hin, der nicht im unmittelbaren Zusammenhang mit dem Weg der Barke (mittleres Register) gesehen werden kann; er ist klar durch punktierte Streifen beidseitig von den drei Registern abgesetzt, durchlaufend gezeichnet und hat insgesamt eine etwas größere Breite als die die Register trennenden Streifen.
Die graphische Gestaltung der 5. Stunde weist einen gleichen durch Streifen beidseitig begrenzten Weg im unteren Register auf. Auch hier wird deutlich, daß die Barke des mittleren Registers nicht im unmittelbaren Zusammenhang mit dem unteren Register steht. Die Barke überfährt die Erhebung des unteren Registers, dieses wird zusätzlich durch die Führung des Zugseils veranschaulicht. Das Gebiet des unteren Registers ist deutlich durch die umlaufenden Sandwege abgegrenzt.
Diese graphische Darstellung wird durch die Texte wie folgt „erläutert":
Der geknickte Weg der 4. Stunde ist in fünf Abschnitte geteilt, hierzu gehören (von oben beginnend) die Texte:
I. Der zu Rosetau gehört.
II. Die geheimen Wege von Rosetau. Das Gottestor. Nicht passiert er sie, (sondern nur) seine Stimme ist es, die sie hören.
III. Weg, den der Leichnam betritt des Sokar, der auf seinem Sand ist – ein geheimes Bild, unsichtbar und nicht wahrzunehmen.
IV. Geheimer Weg, zu welchem (nur) Anubis Zutritt hat, um den Leichnam des Osiris zu verbergen.
V. Geheimer Weg des Eingangs der Imhet.

(Hornung, „Das Amduat", S. 82.)
Der das untere Register der 5. Stunde umschließende Weg trägt folgende Textvermerke (von links nach rechts):
I. Der geheime Weg der Imhet, auf welchem dieser Gott gezogen wird. Er ist der Abscheu des Nehes. Tor des Westens.
II. Der geheime Weg des Sokarlandes, den Isis betritt, um hinter ihrem Bruder zu sein. Er ist gefüllt mit Feuerflammen aus dem Mund der Isis. Nicht wandeln Götter, Verklärte und Tote auf ihm.
III. Der geheime Weg des Sokarlandes; die Westlichen ziehen diesen Gott, ohne daß Götter, Verklärte und Tote auf ihm wandeln. Er ist gefüllt mit Feuerflammen aus dem Maul des Wꜣmmtj.
(Hornung, „Das Amduat", S. 103.)
Hornung weist in seinen Erläuterungen darauf hin:
— „Der ganze ‚Hügel' (unteres Register der 5. Stunde), der in der Mitte pyramidenförmig ansteigt, und den Bonnet, Reallexikon S. 723, treffend mit dem Aufbau der Sokarbarke vergleicht, scheint als ‚Bild' (sšmw) des Sokar bezeichnet zu werden. Um ihn herum führt ein Sandweg, der wohl den Weg der vierten Stunde fortsetzt und auf jeder Seite durch eine Pforte abgeschlossen ist." (Hornung, „Das Amduat", S. 103.)
— Zum Sandweg des unteren Registers der 5. Stunde:
I. Der geheime Weg der Imhet, „štꜣ ‚geheim' (oder ‚unzugänglich'), wurde bereits der Sandweg der 4. Stunde genannt, auf welchem dieser Gott gezogen wird. Die aenigmatische Schreibung ⸻ scheint ntr-pn als Sokar zu verstehen, nicht als Sonnengott."
II. ... den Isis betritt, um hinter ihrem Bruder zu sein. „Durch Gleichsetzung mit Osiris wird Sokar zum ‚Bruder' der Isis."
(Hornung, „Das Amduat", S. 103.)
Zum Weg der Barke im mittleren Register der 5. Stunde sind folgende Texte heranzuziehen:
Der Text der Einleitung beginnt mit:
„Gezogen wird dieser große Gott auf den rechten Wegen der Dat in der oberen Hälfte der geheimen Höhle des Sokar, der auf seinem Sand ist. Unsichtbar und nicht wahrzunehmen ist das geheime Bild der Erde, die das Fleisch dieses Gottes trägt."
„Die geheimen Wege des Westens, die Tore, durch die das Verborgene betreten wird, der heilige Ort des Sokarlandes, das Fleisch und der Leib als erste Erscheinungsform."
(Hornung, „Das Amduat", S. 92.)
Beginn des mittleren Registers:
„Es fährt dieser große Gott, in dem er gezogen wird über diese Höhle in seiner Barke, die in der Erde ist, ‚Lebend an Seelen'."
„Du sprichst, Re, zu Osiris! Du rufst, Re, zum Sokarland und es lebt Horus, der auf seinem Sand ist!"

[1] Eigentlich Falkenkopf, die genaue Type fehlt.

Zeile über den ziehenden Göttern:
„Die Datgötter. Was sie zu tun haben ist, diesen Gott über die Höhle des Sokar zu ziehen."
„Es sagt dieser große Gott über dieser Höhle:
... du dieses dein Bild, Sokar, welches das Geheimnis verbirgt, ich rufe dir zu, deine Verklärung sind meine Worte für dich, und du jubelst über sie. Isis gehört zu deinem Bild, der große Gott zu deinem Leichnam, daß er ihn hüte."
„Die Göttinnen, die Re in der Dat über diese Höhle ziehen, was sie zu tun haben, ist, diesen großen Gott zu ziehen, daß er in seiner Barke ruhe, die im Nun ist in der Dat."
(Hornung, „Das Amduat", S. 99 ff.)

Sowohl der Text als auch die Darstellung weisen eindeutig darauf hin, daß die Unterweltfahrt *über* die Höhle des Sokar führt, der in dieser Höhle als Leichnam liegt. Dieses ist die einzige Stelle im Amduat, in welcher die Unterweltfahrt *über* eine Höhle führt, genauer ausgedrückt, „gezogen wird dieser große Gott auf den rechten Wegen der Dat in der *oberen* Hälfte der geheimen Höhle des Sokar".

Hornung weist auf Seite 108 darauf hin, „Wie in der 4. Stunde wird in der Einleitung das ganze Gebiet der fünften Stunde qrrt „Höhle" genannt, statt des übrigen njwt „Stätte" oder sḫt „Gefilde" der übrigen Stunden."

Die graphische Gestaltung der 4. und 5. Stunde mit den begleitenden Texten weist eindeutig darauf hin, daß eine enge Verbindung zwischen der 4. und 5. Stunde besteht.

Getrennt vom Wege der Barke („nicht passiert er sie") führt der Sandweg der 4. Stunde zum Grabe des Sokar („Weg, den der Leichnam betritt des Sokar" und „Um den Leichnam des Osiris zu verbergen"). Die Gleichsetzung Osiris/Sokar ist hier wie im Sandweg der 5. Stunde anzunehmen.

Der Sandweg der 5. Stunde umschließt das Grab des Sokar, so ist anzunehmen, daß der Sandweg der 4. Stunde sich im Sandweg der 5. Stunde fortsetzt, zumal das Ende des Sandweges in der 4. Stunde ebenso dem Gebiet der Imhet zugehörig ist („geheimer Weg des Eingangs der Imhet"), wie der Beginn des Sandweges in der 5. Stunde („Der geheime Weg der Imhet, auf welchem dieser Gott gezogen wird").

4. Die Lokalisierung der Begriffe Rosetau-Imhet-Sokarland

Die Betonung der Imhet durch die Nischen am Ende des 3. Korridors verlangt eine Untersuchung dieses Begriffes, zumal es heißt: „Die Jenseitsführer verwenden das Wort (Imhet) zur Bezeichnung unterweltlichen Gebietes nur hier in der 4. und 5. Stunde des ‚Sokarlandes'." (Hornung, „Das Amduat", S. 82).

Die Bezeichnung Imhet erscheint in der 4. Stunde:

a) horizontale Zeile der Einleitung:

„Die geheimen Wege von Rosetau, die heiligen Straßen der Imhet, die verborgenen Tore in ihnen, das Land Sokars, der auf seinem Sand ist.
Wer es kennt ist einer, dessen Wege recht sind, der die Straßen von Rosetau begeht und das Bild in der Imhet schaut."
(Hornung, „Das Amduat", S. 81.)

b) Texte im Sandweg, der durch zwei Knicke geteilt wird und in 5 Abschnitte zerfällt:

I. „Der zu Rosetau gehört."
II. „Die geheimen Wege von Rosetau. Das Gottestor..."
III. „Weg, den der Leichnam betritt des Sokar, der auf seinem Sand ist..."
IV. „Geheimer Weg, zu welchem (nur) Anubis Zutritt hat, um den Leichnam des Osiris zu verbergen."
V. „Geheimer Weg des Eingangs der Imhet."
(Hornung, „Das Amduat", S. 82.)

c) Unteres Register:

Erste Szene: Eine Schlange im Papyrusnachen.
Beischrift: „So ist er beschaffen in seiner Barke, die Imhet bewachend. Er steht bei diesem geheimen Weg der Imhet, ..."
Zweite Szene: Fünf verschiedengestaltige Gottheiten.
Beischrift: „... sie stehen in der Erde bei diesem geheimen Weg der Imhet, den sie betreten, der zur Schöpfung in der Erde gehört."
Dritte Szene: Eine Schlange mit dem Namen jmnw „Verborgener".
Beischrift: „So ist er beschaffen als Hüter dieses geheimen Weges der Imhet..."
Fünfte Szene: Eine dreiköpfige Schlange mnmnw „Sich Bewegender" über ihm zwei Reihen von je sieben Menschenköpfen zwischen Sonnenscheibe und Stern. Die geflügelte Sonnenscheibe, Jmj-ḥrt, „Der im Himmel ist" und Maat.
Beischrift: „Es ist das geheime Bild der Imhet. Licht ist täglich in ihr bis zur Geburt Chepris, der aus den Gesichtern der mnmnw-Schlange hervorgeht; dann entfernt sich Chepri."
(Hornung, „Das Amduat", S. 88 ff.)

Die Bezeichnung Imhet erscheint in der 5. Stunde:

d) Unteres Register:

Text im Sandweg, der das Sokarland umgibt („der wohl den Weg der 4. Stunde fortsetzt", Hornung, „Das Amduat", S. 103), Beginn des Weges, linke Seite. „Der geheime Weg der Imhet, auf welchem dieser Gott gezogen wird."

Text im Feuersee unterhalb der letzten Szenen:

„Gewässer, welche die Götter in der Imhet betrauern."
(Hornung, „Das Amduat", S. 107.)

Aus diesen Inschriften ergibt sich:

Die fünfte Szene im unteren Register der 4. Stunde ist das geheime Bild der Imhet, der schräg nach unten an die fünfte Szene führende, das untere Register kreuzende Sandweg ist wie bezeichnet „der geheime Weg des Einganges der Imhet". Alle anderen Inschriften weisen nur auf die geheimen Wege der Imhet hin, wobei bezeichnenderweise der Sandweg, der in der 5. Stunde direkt an das „Bild der Imhet" in der 4. Stunde anschließt, einer dieser geheimen Wege ist. Die Bezeichnung Imhet, Rosetau und Sokarland, die in der 4. resp. 5. Stunde vorkommen, sind so stark im Standort getrennt, daß sich folgende Gliederung ergibt:

Imhet:

4. Stunde unteres Register (hier keine Bezeichnung in diesem Register von Rosetau oder Sokarland).
5. Stunde unteres Register, als Fortsetzung des unteren Registers der 4. Stunde.

Rosetau:

4. Stunde oberes Register (hier keine Bezeichnung von Imhet oder Sokarland).

Sokarland:

5. Stunde mittleres Register (hier keine Bezeichnung in diesem Register von Rosetau oder Imhet).
5. Stunde unteres Register, hier erscheint anhängend an das untere Register der 4. Stunde Imhet.

In allen anderen Inschriften der 4. und 5. Stunde werden lediglich allgemeine Bezeichnungen, z. B. „heilige Wege" oder „Wege in der Dat" gebraucht, wobei deutlich wird, daß die Gebiete Imhet, Rosetau und Sokarland ein Teil der Dat sind.
Diese Lokalisierung der Bezeichnungen weist damit darauf hin, daß das Gebiet der Imhet dem Sokarland örtlich vorgelagert gedacht ist und daß die Darstellungen in den Nischen das geheime Bild der Imhet wiedergeben.
Daß diese Lokalisierung der genannten Bezeichnungen nicht zufällig sein kann, wird dadurch belegt, daß der die drei Register kreuzende, geknickte Weg, jeweils im Kreuzungsbereich auch die Bezeichnung des übrigen Registers trägt, z. B. in der 4. Stunde oberes Register erscheint 2 mal Rosetau im Knickweg und innerhalb dieses Registers Rosetau ausschließlich, im unteren Register erscheint im Knickweg Imhet

Die Lokalisierung der Begriffe Rosetau—Imhet—Sokarland

und innerhalb dieses Registers Imhet ausschließlich (siehe schematische Darstellung der Lokalisierung).

Einen weiteren Hinweis gibt jeweils die Einleitung zur 4. und 5. Stunde.

4. Stunde (horizontale Zeile):

„Die geheimen Wege von Rosetau, die heiligen Straßen der Imhet, die verborgenen Tore in ihnen*, das Land Sokars, der auf seinem Sand ist."
„Gemacht ist dieses Bild, das gemalt ist im Verborgenen der Dat, ..."
„Wer es kennt, ist einer, dessen Wege recht sind, der die Straßen von Rosetau begeht und das Bild in der Imhet schaut."
(Hornung, „Das Amduat", S. 81.)

5. Stunde (vertikale Zeilen):

„Gezogen wird dieser große Gott auf den rechten Wegen der Dat in der oberen Hälfte der geheimen Höhle des Sokar, der auf seinem Sand ist."

(horizontale Zeilen):

„Die geheimen Wege des Westens, die Tore, durch die das Verborgene betreten wird, der heilige Ort des Sokarlandes, das Fleisch und der Leib als erste Erscheinungsform."
(Hornung, „Das Amduat", S. 92.)

Schematische Darstellung zur Lokalisierung

4. Stunde   Amduat   5. Stunde

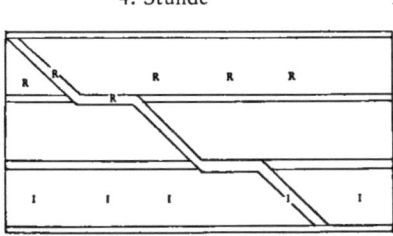
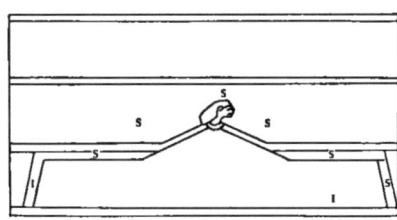

R = Rosetau   — nur 4. Std., 1. Reg.
I = Imhet   — nur 4. Std., 3. Reg. + 5. Std., 3. Reg.
S = Sokarland — nur 5. Std., 2. + 3. Reg.

* Anmerkung 12, Hornung, „Das Amduat", S. 82 bezieht sich auf „die verborgenen Tore in ihnen":
„So User, die anderen Versionen (R II zerstört) und der Abrégé: die verborgenen Tore, die im Land Sokars usw. sind."

Auch der Einleitungstext gibt demnach die Bereiche Rosetau-Imhet-Sokarland als Teile der Dat an, wobei auch hier die Reihenfolge entsprechend dem Ablauf innerhalb der Register (s. schematische Darstellung der Lokalisierung) genau eingehalten wird.

Gestützt wird diese Auffassung durch folgende Quellen: Paul Barguet, «Le Livre des morts», 1967, S. 165, (TB 126):

„Veranlaßt, daß ich die Imhet öffne und in Rosetau eintrete und durch die geheimen (verschlossenen) Tore des Westens schreite."

Urkunden IV, S. 520:

„Es ist für dich geöffnet die Imhet und ihre unteren Kammern" (Dat.).

Urkunden IV, S. 116:

„Du mögest veranlassen, daß ich mich niederlasse inmitten der Imhet."

Zur Frage des Gebietes Rosetau führt Hornung auf Seite 90 aus:

„Herr über die 4. und 5. Stunde ist der memphitische Totengott Sokar, der bereits in den Pyramidentexten mit Osiris verbunden wird, von dem er auch hier nicht zu trennen ist. Das Reich des Sokar wird seit den Pyramidentexten Rosetau genannt und bezeichnet nun die ganze Unterwelt oder zumindest einen wesentlichen Teil von ihr. Für rꜣ-stꜣw setzt sich die Übersetzung ‚Mündung der Gänge' durch, wobei man ‚stꜣ(w)' ein Substantiv ‚unterirdischer Grabgang' o. ä. sah. stꜣw bezeichnet jedoch, wie die Belege zeigen, keinen beliebigen Korridor, sondern speziell eine ‚sloping passage', also eine schräge, meist unterirdische Rampe, auf welcher der Sarkophag ‚gezogen' (stꜣ) wird."

Für eine andere Deutung des Namens rꜣ-stꜣw hat H. Junker in ZÄS 77, 1941, 3 ff. den Weg freigemacht.

Er weist dort auch bloßes 𓂋 (neben 𓂋𓈖𓏤) als Element zur Bildung von Ausdrücken der Bedeutung „Handlung von ... Tätigkeit von ..." und führt Seite 7 als Fall 1 c) die direkte Verbindung von 𓂋 mit einem Verbalnomen auf. rꜣ-stꜣw wäre dann mit „Handlung des Ziehens" zu übersetzen, wobei sich als Objekt des „Ziehens" über den Sand der Nekropole die Barke des Gottes Sokar anbietet.

5. Zusammenfassung

Durch die zwölf Stunden der Nacht führt die Unterweltfahrt der Barke des Re. Nur in der 4. und 5. Stunde berührt sie Bereiche, die sie nicht selbst durchfährt, den Zuweg und das Grab des Sokar.

Innerhalb Rosetau ist der Höhle des Sokar ein als Imhet bezeichnetes Gebiet vorgelagert, es grenzt offensichtlich direkt an die Höhle des Sokar; das geheime Bild der Imhet wird durch die Szene mit den vierzehn Menschenköpfen zwischen Sonnenscheibe und Stern dargestellt.

Die Höhle des Sokar wird als ein tieferes Gebiet beschrieben als die übrigen Wege der Dat, auf denen die Unterweltfahrt sonst stets neben oder durch Höhlen führt.

Hier allein führt der Weg der Barke *über* die geheime Höhle des Sokar in deren
oberer Hälfte. In dem unteren unzugänglichen Teil der Höhle befindet sich der
Leichnam (das Fleisch), d. h. es handelt sich also um das Grab des Sokar. (Die Gleichsetzung von Osiris und Sokar ist weiterhin zu beachten.)
Diese durch das Amduat deutlich gegebene Schilderung entspricht in einer solch
ungewöhnlichen Weise präzise der Situation, die in den königlichen Grabanlagen
von Sethos I bis Ramses III vorgefunden wird, daß eine reine Zufälligkeit als ausgeschlossen gelten kann.
In diesen Grabanlagen stehen im dritten Korridor unmittelbar vor dem Schacht an
je einer Korridorwand die 4. und 5. Stunde des Amduat, endend mit der Darstellung „des geheimen Bildes der Imhet", dieses beidseitig in Nischen gesetzt. Dem
anschließenden Tor folgt unmittelbar der Schacht, über dessen „obere Hälfte" die
„Unterweltfahrt" des Begräbniszuges führt.
Dem Gebiet Imhet folgt im Grab wie im Amduat die unzugängliche „Höhle". Der
dreimal geknickte Sandweg der 4. Stunde entspricht genau den drei Korridoren des
Grabes; die durch zwei Tore verschlossene Höhle der 5. Stunde entspricht genau dem
Schachtraum, über dessen obere Hälfte der Weg führt.
Aus dem Zusammenhang des Ablaufes der zwölf Stunden, wie sie noch nacheinander
in den Sarkophaghallen der Voramarna-Zeit stehen, werden diese beiden Stunden
nun herausgenommen; es wird ihnen die Stelle im Grab zugewiesen, die der hierfür
vorgegebenen Bauform genau entspricht und läßt uns damit die Bedeutung des
Schachtes erkennen.

6. Die 12. Stunde

Die 12. Stunde ist nach der Amarna-Zeit nur noch in zwei Gräbern erhalten geblieben; im Grab Ramses II zweifach, im Schacht und im Seitenraum zur Sarkophaghalle; im Grab Merneptah die senkrechten Zeilen der Einleitung vor der 4. Stunde.
Mit dieser Stunde endet die Unterweltfahrt; wie die Sonne im Osten aufgeht, wird
mit Re der verjüngte Tote wiedergeboren.
„Geboren ist der Geborene, entstanden ist der
Entstandene, der Ehrwürdige der Erde, die Seele
des Himmelsherrn! Der Himmel gehört deiner Seele,
daß sie in ihm verweile, die Erde gehört deinem
Leichnam, ..."
(Zweite Szene, oberes Register, 12. Stunde.)
Ein direkter Bezug zwischen der 4. und 5. Stunde und der 12. Stunde ist nicht
belegbar.
Einen Hinweis gibt Hornung Seite 105 im Kommentar zum Oval des Sokar (unteres Register der 5. Stunde):

„Daß die ovale Mistkugel als Bild der Unterwelt gedeutet wurde, legt die Darstellung hier in der 5. Stunde nahe: zwischen den Horizontköpfen des Aker kann sich eigentlich nur die Unterwelt befinden, zudem ist das Oval von einem breiten Sandstreifen eingefaßt. Vgl. den ovalen Abschluß, den das Amduat und mit ihm die Unterwelt in der 12. Stunde hat. Zwei weitere Belege für das nwt bzw. nnwt genannte ovale Gebilde befinden sich in der création du disque S. 48 mit Anm. 5 und Taf. D, sowie ibid. Taf. 27, 9 mit S. 52 und Anm. 6 (vgl. auch Piankoff, ASAE 49, 1949, 142 Anm. 1), wo es als unregelmäßiges (oben abgeplattetes) Oval den Leichnam des Osiris umgibt. Nach allem scheint die Interpretation am wahrscheinlichsten, daß es primär die Mistkugel des Skarabäus bezeichnet, die einerseits als Sonnenscheibe, andererseits aber als Unterwelt gedeutet werden kann, in der sich der Sonnengott (Skarabäus) in der Nacht verjüngt.

Damit bietet sich zugleich eine bessere Interpretation der eigentümlichen ovalen Form an, welche die Sargkammern in den Gräbern Thutmosis I, II und III haben, und die man bisher als ‚Kartusche' erklärt hat. Im Gegensatz zum königlichen Sarkophag jener Zeit, der eindeutig die Form der Königskartusche zeigt, sind diese ovalen Grabkammern ein getreues Abbild der Unterwelt, in welcher der tote König nächtlich ruht, um jeden Morgen mit Re zusammen aus ihr neu geboren zu werden. Auch die Vermerke des Buches und seine ‚Abrollung' an den Wänden verlangen ja, daß die Grabkammer ein Abbild des ‚Verborgenen Raumes' der Unterwelt sei."

Das Erscheinen der 12. Stunde im Schacht selbst kann letztlich nur als Verheißung der Wiederauferstehung verstanden werden, so daß die Beziehung zum Schacht gegeben ist, eine besondere Beziehung der 12. zur 5. Stunde muß als noch nicht ausreichend belegt angesehen werden.

VI. ZUR FRAGE DER EINHEIT VON SCHACHTRAUM (E) UND SCHACHT

Die Feststellung, daß der Schacht des Grabes Ramses II mit der 12. Stunde des Amduat, der ursprüngliche Raum E jedoch in der traditionellen Form mit dem König im Verkehr mit den Göttern dekoriert ist, wirft die Frage auf, ob beide Teile als eine Einheit anzusehen sind.

Die Untersuchung der Wandmalereien und Reliefs (III/2) hat ergeben, daß der ursprüngliche Raum E, also das über dem normalen Raumniveau liegende Teil von Thutmosis IV bis einschließlich Ramses II stets dem König im Verkehr mit den Göttern, bei einem sich langsam erweiternden Götterkreis, gewidmet war.

Mit Thutmosis IV beginnend:

Osiris — Anubis — Hathor
treten in den nachfolgenden Gräbern hinzu:
Amenophis III: Ka des Königs, westliche Göttin, Nut
Horemheb
Sethos I   }   Anubis-Schakal auf dem Schrein,
Ramses II   Harsiesis, Isis, Osiris-Onnophris

Mit Merneptah setzt eine neue Entwicklungsphase bis Ramses III ein; die bisherigen Darstellungen werden unter Fortfall des Königs ersetzt durch:

Osiris — Anubis — Inmutef — Horussöhne — Kanopengöttinnen,
zusätzlich bei Merneptah:
Cheribakef und Mechenti-irti.
Siehe zur Erweiterung des Götterkreises und Kanopengöttinnen Abschnitt IV.

Es ist nachgewiesen, daß Abweichungen von diesen Entwicklungsphasen bei einzelnen Gräbern durch individuelle Notwendigkeiten verursacht wurden und somit die gezeigte Planmäßigkeit nicht in Frage stellen (siehe hierzu auch Abschnitt VII — Sonderformen innerhalb der Grabanlagen). Bei allen Gräbern, die im Raum E eine Dekoration innerhalb der aufgezeigten Entwicklungsphasen aufweisen, ist diese

Dekoration nach unten scharf abgegrenzt (gänzlich zerstört bei Ramses II und Merneptah).

Dieser untere Abschluß besteht aus von der Standlinie der Figuren nach unten reichenden, waagerechten, um den gesamten Raum umlaufenden, gemalten Farbstreifen, vornehmlich schwarze Streifen verschiedener Höhe, diese jedoch zum Teil durch andere Farbstreifen unterbrochen. Am reichhaltigsten ist das Grab Horemheb ausgearbeitet: unterhalb der Standlinie der Figuren werden eine Vielzahl von Streifen in den Farben schwarz/rot/gelb/grün/weiß/blau gebracht. Ramses III bringt als Abschlußleiste in Relief ein Ornamentmotiv (offensichtlich Palastfassade) in weiß, blau und rot.

Die Höhe der gesamten Abschlußleiste ist unterschiedlich, mit Merneptah rücken die Figuren höher an der Wand, es verblieb dann unterhalb der Abschlußleiste ein nur mit einem Grundton (weiß oder ocker) bemalter Wandteil (siehe Ramses III).

Für die Dekoration des ursprünglichen Raumes E war damit eine echte Trennung zum Schacht stets gegeben, so daß ein *direkter* Bezug dieser Darstellungen zum Schacht offensichtlich nicht gewollt war.

Bei der Prüfung dieser Frage ist jedoch zu berücksichtigen, daß dieser Raum während und nach dem Begräbnis des Königs sich unterschiedlich in der räumlichen Wirkung darstellte. Es konnte nachgewiesen werden, daß der Schacht stets vor der Grablegung ausgehauen wurde, somit für das Begräbnis zumindest mit einem ausreichend breiten Steg überbrückt sein mußte.

Zu diesem Zeitpunkt stellte sich der Raum — wie wir ihn auch heute vom modern angelegten Steg aus sehen — zweigeteilt dar. Er schließt mit der Unterkante der Abschlußleiste mindestens in Steghöhe — gleichzeitig ehemaliger Fußboden — ab, der Schacht, als selbständiges Raumteil empfunden, verliert sich im Dunkel der Tiefe.

Nach dem Begräbnis und Durchführung der abschließenden Arbeiten, z. B. dem Vermauern des Durchganges E/F, wurde der Steg entfernt, so daß ein einheitlicher Raum ohne die vorherige Trennung durch den Steg entstand. Nachdem ein *direkter* optisch erkennbarer Bezug zwischen dem ursprünglichen Raum E und dem Schacht ausgeschlossen werden muß, stellt sich die Frage, ob ein inhaltlicher Bezug, der die optische Trennung überbrückt, vorhanden ist.

In den vorausgegangenen Abschnitten IV und V wurde nachgewiesen:

— Im Raum E erfolgt die „Verwandlung" des toten Königs vom „Herrn beider Länder, Herr der Diademe" in „König Osiris" ((Horemheb).
— Der tote König betrit den Raum E zu „König Osiris" geworden (Sethos I und wahrscheinlich Ramses II).
— Der König wird nicht mehr an den Wänden des Raumes E dargestellt, sondern vielmehr als leiblich im Raum vorhanden betrachtet und entsprechend nach den Inschriften von den Göttern „angesprochen" (Merneptah bis Ramses III).
— Der Schacht ist als das symbolische Grab des Osiris anzusehen (Merneptah: die sieben Verklärten, die den Leichnam des Osiris bewachen).
— Der Schacht ist als das symbolische Grab des Sokar anzusehen, hier wird Osiris mit

Sokar gleichgestellt (Sethos I bis Ramses III, Belege aus der 4. und 5. Stunde des Amduat).

Diese für die Königsgräber Sethos I bis Ramses III durch das Amduat belegte Identität von Sokarhöhle und Schacht reicht bis Horemheb zurück. Dieses kann deshalb mit Sicherheit angenommen werden, weil das Grab Sethos I und das Grab Horemheb sich weder in der Architektur noch in der Dekoration der Räume E, I und Sarkophaghalle unterscheiden. Kein Grund besteht deshalb anzunehmen, daß die bis Horemheb nicht dekorierten drei Eingangskorridore eine andere Aussage haben sollten, als die, die uns im Grab Sethos I erstmalig mit dem Bezug der 4. und 5. Stunde des Amduat zum Schacht verdeutlicht wird.

Nur ein einziges Grab gibt uns bisher durch vorgefundene Dekoration eine eigene und direkte Aussage des Schachtes selbst: Ramses II, an dessen Schachtwänden die 12. Stunde des Amduat gefunden wurde. (Es muß erneut darauf hingewiesen werden, daß diese 12. Stunde ebenfalls im Nebenraum zur Sarkophaghalle im Grabe Ramses II vorhanden ist.)

„Das große Thema dieser letzten Nachtstunde ist die Verjüngung und Wiedergeburt des Toten, konkretisiert in der morgendlichen Neugeburt des Sonnengottes und seines Gefolges, die der Unterweltfahrt des Amduat erst ihren Sinn gibt." (Hornung, „Das Amduat", S. 193)

Die optische Trennung des gesamten Raumes in ursprünglichen Raum E und den Schacht erhält nach diesen Feststellungen einen faßbaren und logischen Sinn. Wohl zerfällt der Raum sichtbar in oberes und unteres Teil (Schacht), jedoch vereint beide Raumteile eine gemeinsame religiöse Konzeption. Der ursprüngliche Raum E ist einerseits die Stätte der „Verwandlung" während des Begräbniszuges — wahrscheinlich gleichzeitig den Ablauf der Fahrt der Barke im Amduat vollziehend — der Schacht symbolisiert andererseits das Grab des Sokar/Osiris; beide Raumteile zusammen bilden die Einheit von Osiriswerdung und Wiederauferstehung.

VII. SONDERFORMEN INNERHALB DER GRAB-ANLAGEN

Im Abschnitt III/4 konnte festgestellt werden, daß die Einheit von Raum und Dekoration nur von Thutmosis III bis Ramses III gegeben war. Innerhalb dieses Zeitabschnittes sind drei Gräber vorhanden, die mit Teilen ihrer Grabanlage das festgestellte Schema durchbrechen: Amenmesse, Sethos II und Tausert. Ein Urteil über das Grab Amenmesse wird erst nach vollständiger Räumung des Grabes möglich sein; eine Arbeit von großer Bedeutung.
Zu den beiden verbleibenden Gräbern ist festzustellen:

1. Sethos II

Das Grab weicht in der gesamten Anlage von den Gräbern dieser Entwicklungsphase nicht ab, obgleich das Grab in der Raumausstattung unvollendet geblieben ist und nach den Untersuchungsbefunden das Begräbnis in großer Hast erfolgt sein muß. Für letzteres spricht auch die nur in Korridorbreite bestehende kleine Sarkophagkammer, die sich direkt an den 1. Pfeilersaal anschließt.
Wahrscheinlich war beim Tod des Königs dieses Korridorstück bereits in dem Ausbaustadium, wie die Raumgröße es jetzt zeigt, sonst wäre diese im Tal der Könige nicht vorkommende Sarkophaghallenform kaum verständlich.
Die Verwendung eines Korridorteils als Sarkophaghalle weist neben den anderen Befunden (siehe Seite 62) auf die ungewöhnliche Zeitnot hin; offenbar war es aus uns unbekannten Gründen nicht möglich, die Zeitspanne zwischen Tod des Königs und Grablegung für die Vorbereitung des Begräbnisses zu nutzen.
Auch die Dekoration der Grabanlage entspricht vollständig den Gräbern dieser Entwicklungsphase, nur der Raum E, sonst bei vollendeten Gräbern Schachtraum, ist abweichend dekoriert.
Diese Dekoration – an jeder Wandseite 12 Embleme im Kiosk – zeigt, daß dieser Raum in seiner Aussage nicht mit dem der anderen Gräber vergleichbar ist.
Die wiedergegebenen Embleme sind in anderen Gräbern gefunden worden (Thutmosis III bis Sethos I, entsprechende Vergleiche gibt die Zusammenfassung der

Funde im Tal der Könige im Museum Kairo, Raum 12 OG, und ist durch den Grabschatz des Tut-ench-Amun belegt). Diese Embleme sind stets in unmittelbarer Umgebung des Sarkophages gefunden worden; offensichtlich bei Tut-ench-Amun aus Raumgründen an anderer Stelle. Die vielen gleichartigen Funde zeigen, daß diese Embleme für die Grabausstattung unerläßlich waren. Die Wiedergabe dieser Embleme im Raum E kann darauf hinweisen, daß diese Grabbeigaben für Sethos II zur Zeit der Grablegung nicht verfügbar waren, so daß sie durch die Malerei im Raum E ersetzt wurden. Die geringe Größe und mangelhafte Ausstattung der Sarkophagkammer läßt eine solche Interpretation zu, zumal die Embleme in das Grabinnere, damit zum Sarkophag, ausgerichtet wurden.

2. Tausert

Das Grab Tausert weicht als einziges Königsgrab im Tal der Könige wesentlich von allen anderen Gräbern ab:

a) *Raumart und -folge*

— Die Korridorbreite beträgt durchschnittlich nur 2,10 m, sonst von Amenophis III bis Ramses III 2,55 m bis 2,70 m.
— Es sind keine Imhet-Nischen vorhanden.
— Der Raum E ist bedeutend kleiner als alle anderen im Tal der Könige.
— Der folgende Raum F, sonst 1. Pfeilersaal, ist klein und es fehlen die stets vorhandenen Pfeiler.
— Nach der Sarkophaghalle folgt eine gleich dimensionierte 2. Sarkophaghalle, getrennt von der ersten durch zwei Korridore.

b) *Dekoration*

— Die drei Eingangskorridore folgen nicht der üblichen Dekoration (siehe S. 105).
— Der dem 1. Pfeilersaal entsprechende Raum ist nicht dem Pfortenbuch, sondern dem Totenbuch gewidmet.

Diese Abweichungen beweisen, daß dieses Grab mit Beginn der Arbeit insgesamt kleiner in den Abmessungen, bei sonstiger Beibehaltung der Raumfolge angelegt worden ist. Insbesondere die Abweichungen in der Dekoration der Eingangskorridore und das Fehlen der Pfeiler im 1. Pfeilersaal können darauf hinweisen, daß dieses Grab ursprünglich nicht als Anlage für einen regierenden König gedacht war. Zu dieser Zeit wurde bereits mit der Dekoration der Eingangskorridore begonnen, während das Ausschlagen der Räume im tieferen Bereich des Grabes noch betrieben wurde (siehe Siptah, Sethos II u. a. m.).

Die Anordnung, das Grab nunmehr als Anlage für einen regierenden König auszugestalten, könnte dann während der Dekoration des Raumes F anzunehmen sein, da die folgenden Räume weitgehend wieder dem gültigen Schema eines Königsgrabes dieser Zeit entsprechen. Der obere Grabbereich verblieb dann in dem zu diesem Zeitpunkt abgeschlossenen Dekorationszustand. Eine solche Interpretation würde auch die Planänderung bei den Durchgängen von D/E und E/F verständlich machen (siehe S. 36). Die Laibungen dieser Durchgänge wurden zu einem späteren Zeitpunkt abgeschlagen und anschließend verputzt. Der jetzige Durchgang (nach Erweiterung durch Abschlagen der Laibungen) mißt 1,83 m, der in der zweiten Sarkophaghalle gefundene zerstörte Sarkophag hat eine Breite von 1,60 m.

Damit scheint die vorliegende Planänderung begründet. Die vorhandenen zwei Sarkophaghallen sind nur verständlich, wenn ein Doppelbegräbnis vorgesehen war, oder nur die zweite Sarkophaghalle belegt werden sollte. Die erheblichen Planabweichungen in diesem Grab haben aus uns noch unbekannten Gründen die Anlegung des Schachtes verhindert oder als nicht notwendig erscheinen lassen.

Beide Grabanlagen, Sethos II und Tausert, durchbrachen den gültigen Plan. Bei beiden Gräbern handelt es sich um Planänderungen, die das kanonische Schema nicht in Frage stellen, da offensichtlich aus den individuellen Notwendigkeiten zwangsläufig sich ergebende Abweichungen vorliegen.

VIII. ZUR FRAGE VON GLAUBENSINHALT UND AUSDRUCKSFORM

Die vorgelegte Untersuchung hat ergeben, daß einerseits der Ausführung der königlichen Grabanlagen ein allgemein gültiger Plan zugrunde gelegen hat, andererseits Entwicklungsphasen Abweichungen von vorhergehenden Formen aufweisen.
Von entscheidender Bedeutung ist damit die Frage, ob es sich bei diesen Abweichungen um eine Änderung des Glaubensinhaltes oder um eine Änderung der Ausdrucksform handelt.
Als hier gewählter Begriff Glaubensinhalt ist in diesem Zusammenhang nicht nur die Glaubensvorstellung über das Wesen des Jenseits, sondern auch der gesamte Bereich zu verstehen, den dieses Jenseitsdasein für den seligen Toten bedeutet. Dieser Begriff sollte sehr scharf gefaßt werden, da bereits geringe Verschiebungen innerhalb der Glaubensvorstellung zu Änderungen der Darstellungen innerhalb der Grabanlagen führen mußten.
Der Begriff Ausdrucksform ist in diesem Zusammenhang als reine Darstellungsvariation zu einem feststehenden unveränderten Glaubensinhalt zu verstehen.
Diese Frage, Änderung des Glaubensinhaltes oder neue Variationen der Ausdrucksform stellt sich bei den herausgearbeiteten wesentlichen Entwicklungsphasen. Diese sind:

1. Raumart und -folge

a) *Die Entwicklungsform der Gräber Thutmosis III und Amenophis II*

Eine Änderung des Glaubensinhaltes ist aus den Entwicklungsphasen innerhalb der Grabarchitektur (Raumart und -folge) bis Ramses X nicht zu erkennen. Die Gräber Thutmosis III und Amenophis II sind wie ausführlich nachgewiesen, reine Entwicklungsformen, die aus der Entwicklungskette seit Thutmosis I nicht herausfallen. Der Schacht, das Thema dieser Untersuchung, ist seit Thutmosis III vorhanden.

b) *Die Achsenverschiebungen*

Die Achsenverschiebungen haben einen noch nicht bekannten Grund; sie als Änderung des Glaubensinhaltes zu verstehen, ist allein deshalb nicht möglich, weil Ramses II bei sonst soweit bekannt gleicher Grabdekoration wie Sethos I zu einer Achsenverschiebung zurückkehrt. Es kann nicht verkannt werden, daß die Achsenverschiebung im Grab Ramses II sich von denjenigen der Voramarna-Zeit wesentlich unterscheidet. Der erste Pfeilersaal ist bei Ramses II erstmalig axial durchschnitten, die Achsenverschiebung tritt bereits nach dem Durchgang des letzten Korridors zum Raum I ein, nicht wie in der Voramarna-Zeit zwischen Raum I und Sarkophaghalle.

c) *Die Änderung der Sarkophaghallenform*

Die gleichen Argumente wie 1 b) gelten für die Änderung der Sarkophaghallenform von 6-Pfeiler-Langschiff- zu 8-Pfeiler-Querschiffhalle. Bei dem Grab Ramses XI jedoch, welches durch seine entscheidende Änderung der Sarkophaghallenform und den Schacht unterhalb des Sarkophags eine starke Abweichung aufweist, sollte eine Änderung des Glaubensinhaltes angenommen werden.

2. Wandmalereien und Reliefs

a) *Der Umfang der Dekoration, Änderung seit Sethos I*

Der Umfang der Dekoration steht offensichtlich nicht mit Glaubensänderungen in Verbindung, wahrscheinlich liegt der Wunsch nach reicherer Ausstattung der Grabanlage vor. In diesem Zusammenhang stellt sich die entscheidende Frage, ob den bis einschließlich Horemheb grundsätzlich nicht dekorierten Räumen (sämtliche Korridore, 1. Pfeilersaal), der Gräber der Voramarna-Zeit die gleichen Funktionen und Inhalte zugeordnet wurden, wie sie später in den Gräbern Sethos I bis Ramses III angenommen werden können.

Daß diesen nicht dekorierten Räumen in der Voramarna-Zeit (1.–3. Korridor, 1. Pfeilersaal, 4. und 5. Korridor) auch ohne Dekoration gleiche Aussagen zuzuordnen sind, wie z. B. bei Sethos I, scheint durch folgende Überlegung sehr wahrscheinlich:

– In fast allen Gräbern, unbeschadet ob der Korridor dekoriert wurde oder nicht, sind im 2. Korridor Nischen beidseitig angeordnet. Damit ist als sicher anzunehmen, daß auch bei dem nur recht rohbehauenen 2. Korridor der Voramarna-Zeit hier eine religiöse Bedeutung angenommen werden muß, zumal eine Sachfunktion als Architekturteil für diese Nischen nicht erkannt werden kann.

E. Thomas gibt im Kapitel 15, S. 278 ihres Buches eine Zusammenstellung der Raumbezeichnungen aus pharaonischer Zeit und führt hierzu aus:

"The third element on the cairo plan is
pꜣ stꜣ — nṯr n ////
... however it is a *wsḫt* that perhaps is to be construed with other evidence as 'The Hall wherein They rest', 'They' would refer to statuettes of gods similar to the thirty-seven divinities of the Solar Litany that are represented, for example, on the rear walls of the recesses in the Seti I. tomb. On the Cairo plan this elements are 'The niches in which the gods of the West rest'."

Diese Angaben aus pharaonischer Zeit können nur mit Vorbehalten als Beleg verwendet werden. Wir nehmen an, daß sich diese Pläne wahrscheinlich auf Grabanlagen, die später als Ramses III gebaut wurden, beziehen und somit nicht einfach die gewählten Raumnamen für frühere Gräber gleichermaßen gelten müssen. Ferner ist keineswegs sicher, ob diese Bezeichnungen wirklich den religiösen Aussagen des jeweiligen Raumes gerecht werden. Dieser Vorbehalt ist besonders deshalb begründet, weil die Bezeichnung für den Schachtraum als "Hall of Hindering" oder "Hall of Waiting" nach meiner Untersuchung keineswegs einen Aufschluß über die Raumbestimmung zu geben vermag.

— Das Grab Horemheb entspricht in der Bauart und Dekoration fast in allen Einzelheiten dem Grab Sethos I. Bei Horemheb sind nur Schachtraum (E), Vorraum I und die Sarkophaghalle dekoriert, während Sethos I sein Grab vollständig in allen Räumen dekoriert hat.

Die fast in allen Details gleichen Wiedergaben in beiden Gräbern in den Räumen E, I und Sarkophaghalle lassen es als wahrscheinlich erscheinen, daß den bei Horemheb nicht dekorierten Räumen die gleiche Aussage zuzuordnen ist, die durch die Dekoration dieser Räume bei Sethos I gegeben ist.

— Die 1. Pfeilerhalle ist bis Horemheb nur bei Thutmosis III dekoriert (Götter des Amduat), also sonst nur aus dem Fels geschlagen, während mit Sethos I und in den folgenden Gräbern dieser Raum stets dekoriert war oder dekoriert werden sollte. Es ist sicher, daß ein solcher Pfeilersaal auch ohne Dekoration eine Funktion hatte, die, wie bereits ausgeführt, nicht die eines „Lagerraumes für Grabbeigaben" gewesen sein kann. Die mit Horemheb gegenüber den Vorgängern geänderte Stellung der Säulen im Raum weist wiederum auf die Identität der Gräber Horemheb/Sethos I hin, damit auch auf die gleichartige Aussage des Raumes.

b) *Die Erweiterung des Götterkreises und das Problem der Horussöhne und Kanopengöttinnen im Raum E*

Zur Erweiterung des Götterkreises im Raum E — in Ansätzen in der Voramarna-Zeit beginnend und sich bis einschließlich Ramses II fortsetzend — sowie die seit Merneptah eintretende Änderung durch die Darstellung der Horussöhne und Kanopengöttinnen ist ausführlich im Abschnitt IV Stellung genommen worden. Nach diesen Ausführungen steht fest, daß die Einführung der Horussöhne und Kanopengöttinnen in den Raum E und der Fortfall der Darstellung des Königs wohl auf einer Änderung des Glaubensinhaltes beruht. Dieses Thema wird in der Zusammenfassung des Untersuchungsergebnisses im letzten Abschnitt dieser Arbeit erneut behandelt.

c) *Die Schachtdekoration bei Thutmosis III und Ramses II*

Für die Bedeutung des Schachtes ist zu klären, ob die bisher allein im Grab Ramses II vorgefundene Dekoration des Schachtes selbst mit der 12. Stunde des Amduat auch als maßgeblich für alle anderen Gräber angenommen werden kann, obgleich in den fünf wenigstens zum Teil offenen weiteren Schächten (Th II, A II, Th IV, Hor, S I) eine Dekoration nicht vorgefunden wurde.

Für die Beurteilung dieser Frage scheiden die Gräber A II, Th IV und Hor deshalb aus, weil diese Gräber hinsichtlich der Dekorationen nicht soweit fertiggestellt wurden, daß die Dekoration des Schachtes erwartet werden kann.

Th III beabsichtigte, den Schacht zu dekorieren, wie auch an Hand der Verputzung und der Größe der ḫkr-Borde nachgewiesen werden konnte.

S I, obgleich die Dekoration dieses Grabes weitgehend fertiggestellt wurde, hat den Schacht jedoch nicht gleichermaßen dekoriert.

Hieraus ist der Schluß berechtigt, daß eine Dekoration des Schachtes entweder als nicht unerläßlich angesehen wurde und damit diese Dekoration erst nach vollständiger Dekorationsfertigstellung aller anderen Grabräume erfolgte, so daß sich die Frage, ob eine Änderung von Glaubensinhalt oder Ausdrucksform vorliegt, kaum stellt. Die zur Zeit Sethos I und Ramses II gegebene fast vollständige Übereinstimmung in allen Darstellungen dieser Gräber, insbesondere des Raumes E, läßt erkennen, daß sicher keine Änderung des Glaubensinhaltes vorgelegen haben kann.

d) *Die Stellung des Amduat und Pfortenbuches innerhalb der Grabanlagen*

Im Abschnitt V ist nachgewiesen worden, daß in einer Übergangsphase (Sethos I und Ramses II) Amduat und Pfortenbuch innerhalb der Sarkophaghalle gebracht werden, während danach das Amduat aus der Sarkophaghalle endgültig verschwindet. Die Ablösung des Amduat durch das Pfortenbuch ist hier offensichtlich eine Folge der durch die Amarna-Zeit verursachten veränderten Auffassungen. Die Überschneidung beider Jenseitsbücher in der Übergangsphase weist aus, daß es sich nicht um eine abrupte oder gar revolutionäre, sondern allmähliche Verwirklichung der neuen Auffassungen handelt. Obgleich eine vergleichende Wertung beider Jenseitsbücher bisher nicht vorliegt, sollte angenommen werden, daß die festgestellten Veränderungen in der Verwendung von Amduat und Pfortenbuch auf einer veränderten Glaubensvorstellung beruhen.

e) *Die Einheit von Raum und Darstellung*

Die Frage, ob es in den untersuchten Grabanlagen eine Einheit von Raum und Darstellung gegeben hat, kann unter Würdigung des bisher vorgelegten Untersuchungsergebnisses weitgehend beantwortet werden.

Bis Ramses III hat diese Einheit ohne wesentliche Einschränkung bestanden, mit Ramses IV bricht diese Einheit teilweise, mit Ramses VI endgültig auseinander.

Ramses VI dekoriert sein in der architektonischen Anlage seinen Vorgängern entsprechendes Grab nunmehr am Anfang beginnend mit den Jenseitsbüchern in streng eingehaltener Stundenfolge.
Damit nimmt die Stundenfolge keine Rücksicht mehr auf die bisherigen Bezüge zum Raum, so daß die Einheit von Raum und Darstellung unberücksichtigt bleibt.

Zusammenfassend kann festgestellt werden, daß die Identität von Raum und Raumaussage von Thutmosis III bis Ramses III vorhanden gewesen ist, während mit Ramses IV diese Einheit auseinanderbricht. Es ist bezeichnend, daß der letzte im Tal der Könige ausgehauene Schacht im Raum E im Grab Ramses III vorgefunden wurde. Bis einschließlich Ramses III sind die in den Gräbern festgestellten Variationen zumeist als Änderungen der Ausdrucksform zu verstehen, die Verlagerung Amduat/Pfortenbuch und die veränderte Aussage im Raum E hingegen (mit Horemheb einsetzend, siehe Abschnitt IV) sind als Änderung des Glaubensinhaltes zu werten.

IX. ZUSAMMENFASSUNG DER VORGETRAGENEN UNTERSUCHUNGSERGEBNISSE

Die vorgelegte Untersuchung hat eine Fülle von Einzelergebnissen erbracht, ohne daß ein einzelner Beleg für sich eine vollständige Aufklärung über die Bedeutung des Schachtes geben würde. Bereits in der Einleitung wurde darauf hingewiesen, daß den königlichen Grabanlagen eine vielschichtige und schwer darzustellende religiöse Aussage zugrunde liegt und daß es deshalb notwendig ist, durch eine vergleichende Wertung der einzelnen Teile der Grabanlagen zum Ziel zu kommen.
Vor diese Wertung der einzelnen Fakten sollte jedoch die grundsätzliche Erkenntnis über diese Grabanlagen gestellt werden, die als ein wesentliches Ergebnis der Untersuchung belegt werden kann und Grundlage der nachfolgenden zusammenfassenden Ausführungen ist.

1. Grundsätzliche Erkenntnisse

Für die Dauer von fast 340 Jahren, beginnend mit Thutmosis III, endend mit Ramses III, werden im Biban-el-Moluk die königlichen Grabanlagen nach einer einheitlichen Konzeption gebaut, mit einheitlichem Bauplan und inhaltlich weitgehend gleichbleibender Dekoration. Für die gesamte Zeitspanne kann der Wille zu einer Identität von Raum und Dekoration als belegt angesehen werden; damit ist für jeden einzelnen Raum der umfangreichen Anlagen eine gleichbleibende, z. T. in Phasen sich entwickelnde Funktion anzunehmen.
Die statistische Auswertung im Rahmen dieser Arbeit verdeutlicht, daß der verwirrenden Fülle sich unterschiedlich darbietender Gräber ein allgemein gültiges Ordnungsprinzip vorgegeben ist.
Die „unvollendeten Gräber" sowie die Entwicklungsphasen im Bauplan und Dekorationen zeigen, mit welcher Zielstrebigkeit der Verwirklichung und Verbesserung der Grundkonzeption nachgestrebt wurde. Mit Ramses IV zerfällt die Identität von Raum und Dekoration, gleichzeitig verschwindet der Schacht im Raum E, so daß für Ramses IV und seine Nachfolger die Ergebnisse dieser Untersuchung nicht gelten können. Die Schrift des verborgenen Raumes, das Amduat, ist in der Voramarna-

Zeit fast die einzige, danach ein wesentlicher Teil der in den Grabanlagen gebrauchten Inschriften; es wird in der Nachamarna-Zeit durch das thematisch ähnliche Pfortenbuch in der Sarkophaghalle nach einer Übergangsphase vollständig ersetzt. Während des Untersuchungszeitraumes war das Amduat prinzipiell nur für königliche Grabanlagen bestimmt; die Verwendung im Grab des User kann als Sonderfall dieses Prinzip nicht in Frage stellen.

Der Schacht — das Thema dieser Untersuchung — wurde in allen, in der Raumfolge vollendeten Gräbern (Ausnahme Tausert) von Thutmosis III bis Ramses III in bedeutender Tiefe aus dem Fels in voller Grundfläche des Raumes senkrecht herausgeschlagen, so daß der Fußboden des ursprünglichen Raumes gleichsam auf die Schachtsohle verlegt wurde.

Dem Schachtraum (E) und dem Schacht muß im Rahmen der festgestellten einheitlichen Konzeption der Grabanlagen deshalb eine Funktion zukommen, die für alle Grabanlagen gleichermaßen gilt.

Die Untersuchungen haben weiterhin ergeben, daß nachträgliche, aus technischen Gründen erforderliche Änderungen während der Arbeit zu Restaurierungen führten (Durchgänge zum Raum E bei Merneptah), und daß der Zeitfaktor eine entscheidende Rolle für den Fortschritt des Ausbaus der Grabanlagen bedeutet.

Nur vereinzelt festgestellten Befunden in Grabanlagen für Könige mit langer Regierungszeit ist deshalb ein besonderes Gewicht zuzumessen, weil als sicher angenommen werden kann, daß die hier zur Verfügung stehende Zeit es ermöglichte, die geplante Konzeption vollendeter und verfeinerter zu verwirklichen. Hierunter fallen geordnet nach Dauer der Regierung (in vollen Jahren): Ramses II mit 67 Jahren, Thutmosis III mit 46 Jahren, Amenophis III mit 38 Jahren, Ramses III mit 32 Jahren, Horemheb mit 28 Jahren, Amenophis II mit 25 Jahren, Sethos I mit 14 Jahren und Merneptah mit 13 Jahren. (Angaben nach Thomas, a. a. O., S. 69, 101 und 125.)

2. Die durch die Untersuchung belegten Fakten

(Ausnahmen, die als kurzfristige Entwicklungsphasen, resp. durch individuelle Notwendigkeiten erforderlich waren, werden, soweit bereits vorher belegt, nicht mehr in dieser Zusammenfassung aufgeführt.)

a) Die Grabanlagen sind in zwei „Etagen" angeordnet:

Oberer Grabbereich	*Unterer Grabbereich*
1. Korridor	korridorähnlicher Abgang
2. Korridor	4. Korridor
3. Korridor	5. Korridor
Schachtraum	Vorraum
Pfeilersaal	Pfeilersaal (Sarkophaghalle)

b) Im oberen Grabbereich gibt es keine wesentliche Änderung des Planes hinsichtlich Raumart und -folge.

c) Nur die in der Raumanlage vollendeten Gräber besitzen Schächte, so daß sich zwangsläufig ergibt, daß die Schächte vor dem Begräbnis ausgehauen wurden.

d) Der Schacht war bei Thutmosis III zur Dekoration vorgesehen, bei Ramses II mit der 12. Stunde des Amduat dekoriert.

e) Alle Schächte sind gleichartig, sie nehmen die volle Länge und Breite des Raumes E ein.

f) Bei allen gesäuberten Gräbern ist ein Raum, bei Sethos I sind mehrere Räume vorhanden, die vom Schachtgrund abgehen. Bei den in drei Gräbern vermessenen Schachtnebenräumen liegt der Eingang des Raumes stets in entgegengesetzter Richtung zur Sarkophaghalle, gleich welche Achsenverschiebung vorliegt.

h) Der Schachtraum E war einschließlich Sethos I im Ausgang zu F stets, wahrscheinlich im Eingang von D ebenfalls vermauert, danach wurden Ein- und Ausgang mit doppelflügeligen Türen verschlossen. Die Vermauerung des Ausganges zu F war unschwer für jeden Eindringling zu erkennen.

i) Der Verschluß des Raumes E wurde als wesentlich erachtet, siehe Restauration der Durchgänge von E im Grab Merneptah. Nur noch die Sarkophaghalle wurde in solch konsequenter Art innerhalb der Grabanlage gleichermaßen verschlossen.

j) Es ist sehr wahrscheinlich, daß bis Sethos I die drei Eingangskorridore vollständig mit Geröll verstopft wurden, danach offen blieben, da es durch den Türverschluß seit Ramses II technisch nicht mehr möglich war, diese Verfüllung vorzunehmen. Der Schacht war stets frei von Verfüllungen gelassen worden.

k) Der Wandputz war (Analyse Grab Amenophis III) weder geeignet gegen mechanische Beanspruchung noch Wasser Widerstand zu leisten, obgleich widerstandsfähiger Mörtel zu dieser Zeit hergestellt wurde.

l) In der Voramarna-Zeit und bei Horemheb werden nur die Räume E, I und die Sarkophaghalle dekoriert, danach sämtliche Räume der Grabanlage.
Den Räumen E und I wird dadurch ein besonderer Rang eingeräumt, selbst Könige mit langer Regierungszeit wie Amenophis III — 38 Jahre und Horemheb — 28 Jahre, dekorieren außer der Sarkophaghalle nur diese Räume.

m) Die Dekoration des Raumes E entwickelt sich in Phasen:

Phase 1: Th III – A III   erweiterter Götterkreis:
Phase 2: Hor – R II

```
                              ↗ Horus
              Osiris ——→ Harsiesis
                              ↘ Isis

              Anubis ——→ Anubis auf dem Schrein

                              ↗ westl. Göttin
              Hathor ——→ westl. Hathor
                              ↘ Nut

              König ——→ König mit Ka
```

Nach den Inschriften und der Dekoration ist der König der Sohn des Re, der das Reich des Osiris betritt:

Phase 3:   M — R III   Wiedergabe der Horussöhne
                                               Kanopen-Göttinnen
                                               Mechenti-irti und
                                               Cheribakef
                                               Osiris und Inmutef

Darstellung ohne König, der König wird hier als Osiris leiblich im Raum E vorgestellt.

n) Die Identität der Darstellungen in der Phase 1, zwischen den Räumen E, I und den Pfeilern der Sarkophaghalle ist vollständig.
Sie bleibt hinsichtlich der Räume E und I in der Phase 2 weitgehend erhalten und verliert sich hinsichtlich der Pfeiler in dieser Phase.
In der Phase 3 ist die Identität zwischen E, I und den Pfeilern der Sarkophaghalle vollständig aufgegeben worden.
o) Der 3. Korridor ist ab Sethos I — Ramses III stets der 4. und 5. Stunde des Amduat gewidmet.
Die Imhet-Nischen betonen die Verbindung zur folgenden Tür, welche E verschließt, beidseitig.
p) Das Amduat ermöglicht eine Lokalisierung der Begriffe Rosetau, Imhet und Sokarland innerhalb der 4. und 5. Stunde.
q) Die 4. Stunde des Amduat entspricht in ihrem graphischen Aufbau der Situation der 3 Eingangskorridore.
r) Die 5. Stunde des Amduat entspricht in ihrem graphischen Aufbau der Situation des Schachtraumes.
s) Die Einheit Raum und Dekoration zerfällt mit Ramses IV.
t) Die Notdekorationen bestätigen die Zuordnung entsprechend den festgestellten Entwicklungsphasen.
u) Eine direkte Verbindung zwischen Schacht und E ist nicht vorhanden, vielmehr werden beide Raumteile durch Abschlußstreifen voneinander getrennt.
v) Die linke und rechte Wand von E korrespondiert stets in ihrer Aussage.
w) Die Ausrichtung der Dekoration an den Wänden von E ist gleichartig, stets ist der König auf das Grabinnere, stets sind die Götter auf den Grabeingang ausgerichtet.

3. Zusammenfassung der Argumente gegen den Schacht als technische Sperre

Schächte im Raum E wurden nur in Gräbern ausgeschlagen, die hinsichtlich der Raumart und -folge als vollendet angesehen werden können. Sofern eine Sperre für Grabräuber oder eindringendes Wasser (technische Sperre) beabsichtigt gewesen wäre, müßte wenigstens in einem Grab, das in der Raumanlage nicht vollendet war, ein Schacht gebaut worden oder eine technische Ersatzlösung vorhanden sein. Die

seitliche Ableitung von eindringendem Wasser, in großvolumigen Zisternen, umfangreiche Barrieren von großformatigen Steinblöcken in Korridorlänge geschichtet, wären als Ersatzlösung zu erwarten, wurden jedoch in keinem Grab vorgefunden.
Anstelle von solchen wirksamen Ableitungen oder Sperren finden wir in den Gräbern einen offenen Schacht bedeutender Tiefe vor, der durch mehrere mitgeführte kurze Holzstangen, die mit Stricken auf die erforderliche Länge verlascht werden konnten, leicht zu überbrücken war. Die seit Ramses II den Ein- und Ausgang verschließenden Türen waren hierbei ebensowenig ein Hindernis, wie der in der Materialanalyse nachgewiesene morsche Putz und die ebenso schwache Vermauerung, welche bis Sethos I zum Durchgang zu F üblich war. Der weit in den Schacht reichende Putz im Grab Thutmosis III und die im Schacht vorgefundene feine Reliefarbeit der 12. Stunde des Amduat widersprechen der Möglichkeit, im Schacht ein Wasserauffangbecken anzunehmen.
Auch die bisherige Auffassung, der Ausgang des Schachtraumes (Durchgang zu F) wäre vollständig verborgen geblieben oder sollte vollständig verborgen bleiben, ist durch die vorliegende Untersuchung widerlegt.
Bei allen Gräbern (zweifelhaft bei Amenophis III) ist dieser vermauerte, verputzte, z. T. bemalte Durchgang leicht, wenn nicht sogar auffällig erkennbar, ab Ramses II ist dieses Argument wegen der dann die Vermauerung ersetzenden Türen ohnehin hinfällig. Keine technische Sperre erklärt darüber hinaus, warum vom Grunde des Schachtes ein oder mehrere Räume abgehen, resp. dieser Raum im Grab Amenophis III einen L-förmigen Grundriß hat, oder bei Merneptah die Restaurierung der Durchgänge im Raum E als unerläßlich angesehen wurden.
Den Baumeistern dieser königlichen Grabanlagen solche leicht erkennbare, aufwendige, jedoch unwirksame technische Sperre zuzutrauen, wird nach Kenntnis der brillanten Grabräubersperren in den Pyramiden des Mittleren Reiches ihrem technischen Sachverstand nicht gerecht.
Den Schacht als technische Sperre anzunehmen, würde z. B. im Grab Ramses II die Vorstellung verlangen, daß in das Grab eingedrungene Grabräuber nach Öffnen der Türflügel am Ende des 3. Korridors den Schacht als unüberwindbar ansehen und trotz der verlockenden weiterführenden Tür auf der anderen Seite des Schachtes ihr kühnes Unternehmen aufgeben würden. Gleichermaßen ist die Vorstellung, daß beabsichtigt wäre, die 12. Stunde des Amduat an den Schachtwänden von eingedrungenem Wasser umspülen zu lassen, absurd.

4. Die Bedeutung des Schachtes in den Gräbern Sethos I bis Merneptah

Die Grabanlagen Sethos I, Ramses II und Merneptah veranschaulichen im besonderen Maße die Bedeutung des Schachtes. Unter Berücksichtigung des Abschnittes 1 (grundsätzliche Erkenntnisse) werden auch Befunde nicht in diese Periode fallender

Gräber verwendet, sofern ausreichend gesichert erscheint, daß diese Befunde für alle Grabanlagen Gültigkeit haben.

Der Schachtraum weist in einer Reihe von Befunden auf einen engen und besonderen Zusammenhang mit der Sarkophaghalle und dem dieser vorgelagerten Raum I hin:

— Es ist offensichtlich der einzige Raum, dessen Verschluß als ebenso bedeutsam angesehen wurde, wie der Verschluß der Sarkophaghalle selbst (siehe u. a. Restauration der Durchgänge des Raumes E bei Merneptah).

— In Raumart und -folge, auch in der Dekoration bis Sethos I (wahrscheinlich noch Ramses II), entspricht der Schachtraum im ursprünglichen Raumteil E fast genau dem Raum I.

— Bei den bisher untersuchten drei Gräbern ist der Eingang des vom Schachtgrund abgehenden Raumes auf die Achse der Sarkophaghalle ausgerichtet.

— Bis Horemheb sind allein Schachtraum E, Vorraum I und Sarkophaghalle dekoriert, alle übrigen umfangreichen Teile der Grabanlage bewußt undekoriert gelassen worden.

Die Dekorationen des Schachtraumes sagen aus:

Der Schachtraum ist mit Horemheb beginnend die Stätte der Verwandlung des toten Königs vom „Herren der Beiden Länder, Herr der Diademe" in den „König Osiris". Diese Verwandlung erfolgte bei Horemheb nach Durchschreiten des Raumes E (siehe Aussage der Ausgangswand), bei Sethos I bereits mit Eintritt in den Raum und folgerichtig wird diese Entwicklung bei Merneptah mit der Darstellung der Totenwache für Osiris ohne den König abgeschlossen. Geschützt und umgeben von den sieben Verklärten erscheint der König an dieser Stätte als Osiris leiblich und nicht als Wandbild.

Die Dekoration des 3. Korridors hat einen klaren Bezug auf den Schacht und sagt aus:

Der Schacht symbolisiert die 5. Stunde des Amduat, damit das Grab des Sokar, über dessen obere Hälfte der Weg der Barke des Re — den Begräbniszug mit dem toten König symbolisierend — führt.

In den Gräbern dieser Periode besteht die Möglichkeit, daß sich im Schacht die zwei Jenseitsvorstellungen überschneiden, ebenfalls, wie sie gleichermaßen im Amduat in der 5. Stunde und 6. Stunde nacheinander stehen; d. h. die Glaubensvorstellung über den alten memphitischen Totengott Sokar und über Osiris.

Beide Vorstellungen sagen in den Dekorationen das gleiche hinsichtlich des Schachtes aus: „Sokar, es ist dein Grab, über das mein Weg geht" und „Osiris, es ist die Wache, die wir an deinem Grabe halten".

Damit ist der Weg zu der Erkenntnis frei, daß der Schacht in wahrscheinlich zweifacher Weise das Grab des Totengottes (die Gleichsetzung Osiris/Sokar ist, wie nachgewiesen, durch das Amduat 5. Stunde belegt) symbolisiert. Die Überschneidung und Überlagerung beider Götter in einem Architekturteil scheint uns fremd, ist aber, wie an vielen Beispielen zu belegen, typisch für die bewahrende und gleichzeitig unterschiedliche Auffassung vereinende Art des alten Ägypters.

Alle vorliegenden Befunde weisen eindeutig auf diese gewonnene Erkenntnis hin:

der vorerwähnte Zusammenhang des Schachtraumes E mit der Sarkophaghalle, die Notwendigkeit, dem Raum seine Aussage in erster Linie durch Dekorationen zu geben, der unabdingbare Verschluß dieses Raumes als symbolisches Grab, insbesondere jedoch das Erscheinen der Wiederauferstehungsstunde (12. Stunde Amduat) an den Schachtwänden selbst.

Wie im Amduat die Unterwelt beschrieben wird, sind auch diese Königsgräber offensichtlich das getreue Abbild der Dat mit ihren Stationen und Stunden. Ruhend in seiner Sarkophaghalle, von allen Schutzmächten umgeben, erfolgt die Verjüngung und Wiederauferstehung des toten Königs täglich und immerdar; sein Weg führt ihn wie Re durch die Dat und ihre Stunden. Der Begräbniszug mit der königlichen Mumie vollzieht erstmalig diese in die Ewigkeit wirkende Jenseitsvorstellung.

5. Die Bedeutung des Schachtes in den königlichen Gräbern des Biban-el-Moluk

Durch die vorgelegte Untersuchung konnte nachgewiesen werden, daß einerseits den königlichen Grabanlagen von Thutmosis III bis Ramses III eine einheitliche Planung zugrunde liegt, daß andererseits Entwicklungen in der Aussage über die Jenseitsvorstellungen vorliegen, die mit Sicherheit auf einer sich langsam wandelnden Glaubensvorstellung beruhen. Diese Überschneidungen sind aus der Vorstellungswelt der damaligen Zeit kaum verwunderlich, entspricht doch dieser Versuch, alte und neue Vorstellungen auszugleichen und miteinander zu verbinden, der bewahrenden Konzeption ägyptischen Denkens.

Insbesondere haben die auf die Glaubensvorstellungen der Amarna-Zeit hinführenden Tendenzen, wie auch die Suche nach neuen Vorstellungen nach dieser Periode offensichtlich ihren Niederschlag in den Dekorationen der königlichen Grabanlagen gefunden. Dieser in den Gräbern sichtbare Wandel drückt sich in neuen Interpretationen der Raumfunktion aus, wie dieses für die Gräber der Nachamarna-Zeit angenommen werden muß.

Unsere Kenntnis der einzelnen Zusammenhänge der Aussagen aller Räume der Königsgräber ist noch zu mangelhaft, um diesen allmählichen Wandel in den Jenseitsvorstellungen zutreffend nachvollziehen zu können. Jedes Grab für sich bildet jedoch eine abgeschlossene, für seine Periode maßgebende Einheit, in dieser wird konsequent der Glaubensinhalt verwirklicht.

Die Gräber der Voramarna-Zeit vermögen uns durch ihre schlichte figürliche Dekoration und kurzen, die Bedeutung der Dekoration nicht erhellenden Inschriften, keine belegbare Aussage über die Funktion des Schachtes zu geben. Unbezweifelbar ist jedoch, daß der schrittweise verwirklichte Wandel in der Glaubensvorstellung in der Nachamarna-Zeit keinen Bruch mit den Vorstellungen bis Amenophis III bedeutet. Ob dem Schacht in der Voramarna-Zeit die gleiche überlagerte Funktion als symbolisches Grab des Sokar und Osiris, oder nur die Funktion für einen dieser beiden Totengötter zukommt, mag dahingestellt bleiben und ist nur durch weitere Forschungen, die dann die gesamten Räume der Grabanlage umfassen müßten, endgültig belegbar.

Die Ergebnisse dieser Arbeit werfen damit neue Fragen auf, deren Antworten nur durch die sorgfältige Analyse aller Räume der Gräber im Biban-el-Moluk, deren Dekorationen und Inschriften, erlangt werden können.

Die Einheit von Raum und Dekoration, die hervorragende Bedeutung der Jenseitsführer Amduat und Pfortenbuch, die Entwicklung in den Jenseitsvorstellungen, vor allem jedoch die einheitliche Konzeption der Grabanlagen, können nunmehr neue Ansatzpunkte für die vorgesehenen weiteren Untersuchungen geben.

X. QUELLENVERZEICHNIS

Aldred, Cyril, Echnaton, Bergisch Gladbach, 1968
Barguet, Paul, Le Livre des morts, Paris 1967
Belzoni, Giovanni Battista, Narrative of the Operations and Recent Discoveries in Egypt and Nubia, 2. ed., 2. vols., London 1820, Reprint Farnborough 1971
Brugsch, Karl Heinrich, Thesaurus Inscriptionum Aegyptiacarum III/IV Abtlg., Reprint Graz 1968
Carter, Horward, The Tomb of Thoutmôsis IV (Theodore M. Davis' Excavations: Bibân-el-Molûk) London 1904
Davis, Theodore M., The Tombs of Harmhabi and Touatânkhamanou, London 1912
Davis, Theodore M., The Tomb of Queen Tiyi, London 1910
Davis, Theodore M., The Tomb of Siptah; the Monkey Tomb and the Gold Tomb, London 1908
Desroches-Noblecourt, Christiane, Tut-ench-Amun, Berlin 1963
Hornung, Erik, Das Amduat, Die Schrift des verborgenen Raumes, Teil III, Wiesbaden 1963, ÄgAbh Band 7
Hornung, Erik, Das Grab des Haremhab im Tal der Könige, Bern 1971
Junker, Hermann, Der sehende und blinde Gott, Sitzungsberichte der Bayerischen Akademie der Wissenschaften, Phil.-hist. Abtlg., München 1942, Heft 7
Junker, Hermann, Die Stundenwachen in den Osirismysterien, Denkschriften der Kaiserlichen Akademie der Wissenschaften in Wien, Phil.-hist. Kl., Bd. LIV, Wien 1910
Loret, Victor, Le Tombeau de Thoutmés III à Biban-el-Molouk BIE 9 (Ser. 3, 1899)
Loret, Victor, Le Tombeau d'Amenophis II et la cachette royale de Biban el Molouk, BIE 9 (Ser. 3, 1899)
Piankoff, Alexandre und Hornung, Erik, Das Grab Amenophis' III. im Westtal der Könige, in MDAIK, Bd. 17, 1961
Porter, Berta, and Moss, Rosalind L. B., Topographical Bibliography of Ancient Egyptian Hieroglyphic Texts, Reliefs, and Paintings, 2. ed., Oxford 1964, I/2
Sandman Holmberg, Maj, The God Ptah, Lund 1946
Thomas, Elisabeth, The Royal Necropoleis of Thebes, Princeton 1966
Urkunden IV, Urkunden der 18. Dynastie, Leipzig 1906, Bd. 1
Urkunden IV, Urkunden der 18. Dynastie, Reprint Berlin 1961, Bd. 2
Urkunden IV, Urkunden der 18. Dynastie, Berlin 1958
Urkunden V, Urkunden des Aegyptischen Altertums, Leipzig 1917

XI. PLÄNE DER KÖNIGSGRÄBER

Plan A:	Grundriß	KV 34 Thutmosis III
		KV 35 Amenophis II
Plan B:	Grundriß	WV 23 Eje
		WV 22 Amenophis III
		KV 43 Thutmosis IV
Plan C:	Grundriß	KV 57 Horemheb
		KV 16 Ramses I
		KV 17 Sethos I
		KV 7 Ramses II
Plan D:	Grundriß	KV 8 Merneptah
		KV 10 Amenmesse
		KV 15 Sethos II
		KV 14 Tausert
Plan E:	Grundriß	KV 47 Siptah
		KV 11 Ramses III
Plan F:	Grundriß	KV 2 Ramses IV
		KV 9 Ramses VI
		KV 1 Ramses VII
		KV 6 Ramses IX
		KV 18 Ramses X
		KV 4 Ramses XI
Plan G:	Aufriß	KV 34 Thutmosis III
		KV 35 Amenophis II
		KV 43 Thutmosis IV
		WV 22 Amenophis III
		WV 23 Eje
		KV 57 Horemheb
Plan H:	Aufriß	KV 16 Ramses I
		KV 17 Sethos I
		KV 7 Ramses II
		KV 8 Merneptah
		KV 10 Amenmesse
		KV 15 Sethos II
		KV 14 Tausert
		KV 47 Siptah
Plan I:	Aufriß	KV 11 Ramses III
		KV 2 Ramses IV
		KV 9 Ramses VI
		KV 1 Ramses VII
		KV 6 Ramses IX

KV 18 Ramses X
KV 4 Ramses XI

Sämtliche Pläne sind grau unterlegt worden, damit die Raumart und -folge optisch vergleichbar wird. In den Grundrissen ist ab Plan B der Schachtraum (E), Ausgangswand, durch eine schwarze Linie markiert, gleichzeitig sind alle Gräber auf diese Linie in ihrer Stellung ausgerichtet.
In den Plänen C—I sind alle Gräber so auf eine senkrechte Fluchtlinie gestellt, daß die Ausgangswand des 1. Säulensaales (F) geschnitten wird. Achsenverschiebungen bleiben unberücksichtigt, diese Gräber sind ebenfalls axial angeordnet.
Die Pläne zeigen keine Raumkennzeichnungen, die bisherige Form, jedem Grab eine alphabetische Buchstabenreihe mit A beginnend zuzuordnen, ist verwirrend.
Die Bezeichnungen innerhalb dieser Arbeit sind durchgehend:

Eingangsteil, Zugangstreppe oder -rampe	A
1. Korridor	B
2. Korridor	C
3. Korridor	D
Schachtraum	E
1. Pfeilersaal	F
4. Korridor	G
5. Korridor	H
Vorraum	I
Sarkophaghalle	J

Alle weiteren Räume werden ausgehend von der obigen Buchstabenreihe als „Nebenraum zu..." benannt oder erhalten eine andere erläuternde Erklärung.
Die Pläne wurden unter Verwendung der Zeichnungen von Thomas angefertigt und sind als Schemazeichnungen zu verstehen. Sie sind weder maßstabgerecht noch örtlich überprüft.

Plan A

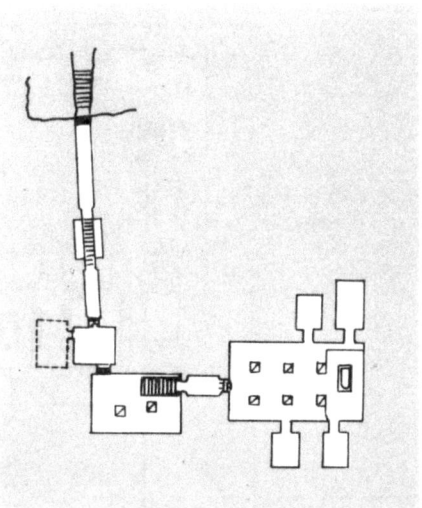

KV 35 – Amenophis II

KV 34 – Thutmosis III

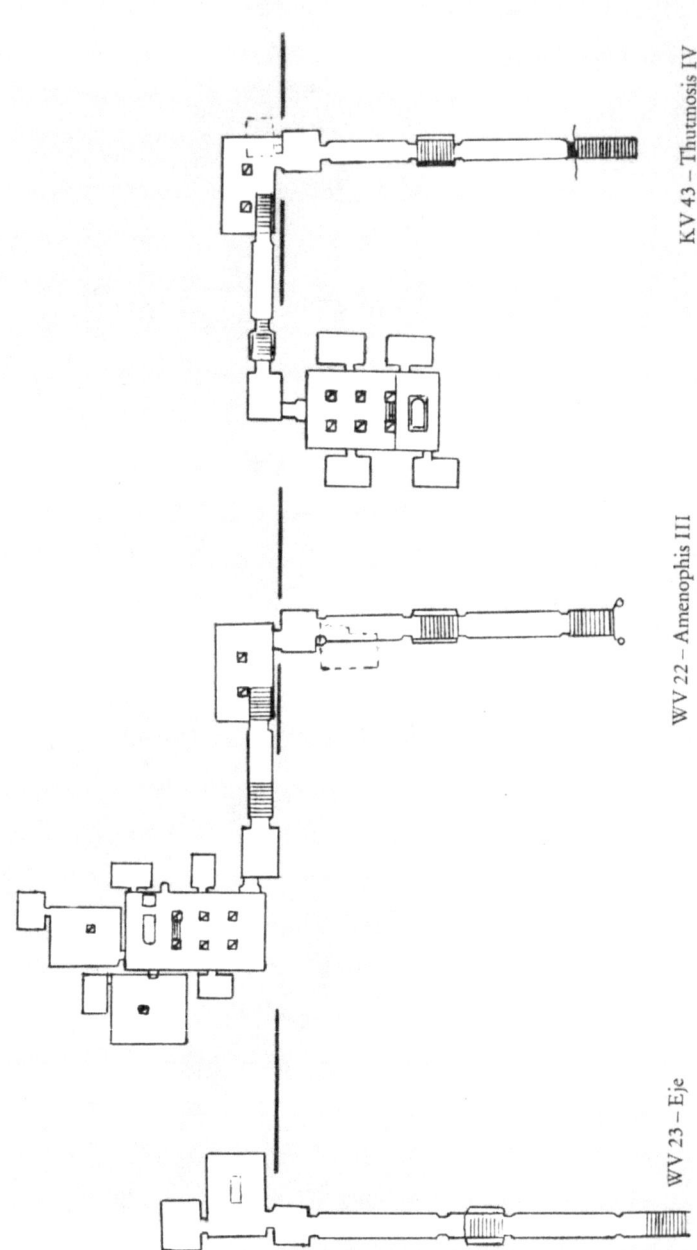

Plan B

KV 43 – Thutmosis IV

WV 22 – Amenophis III

WV 23 – Eje

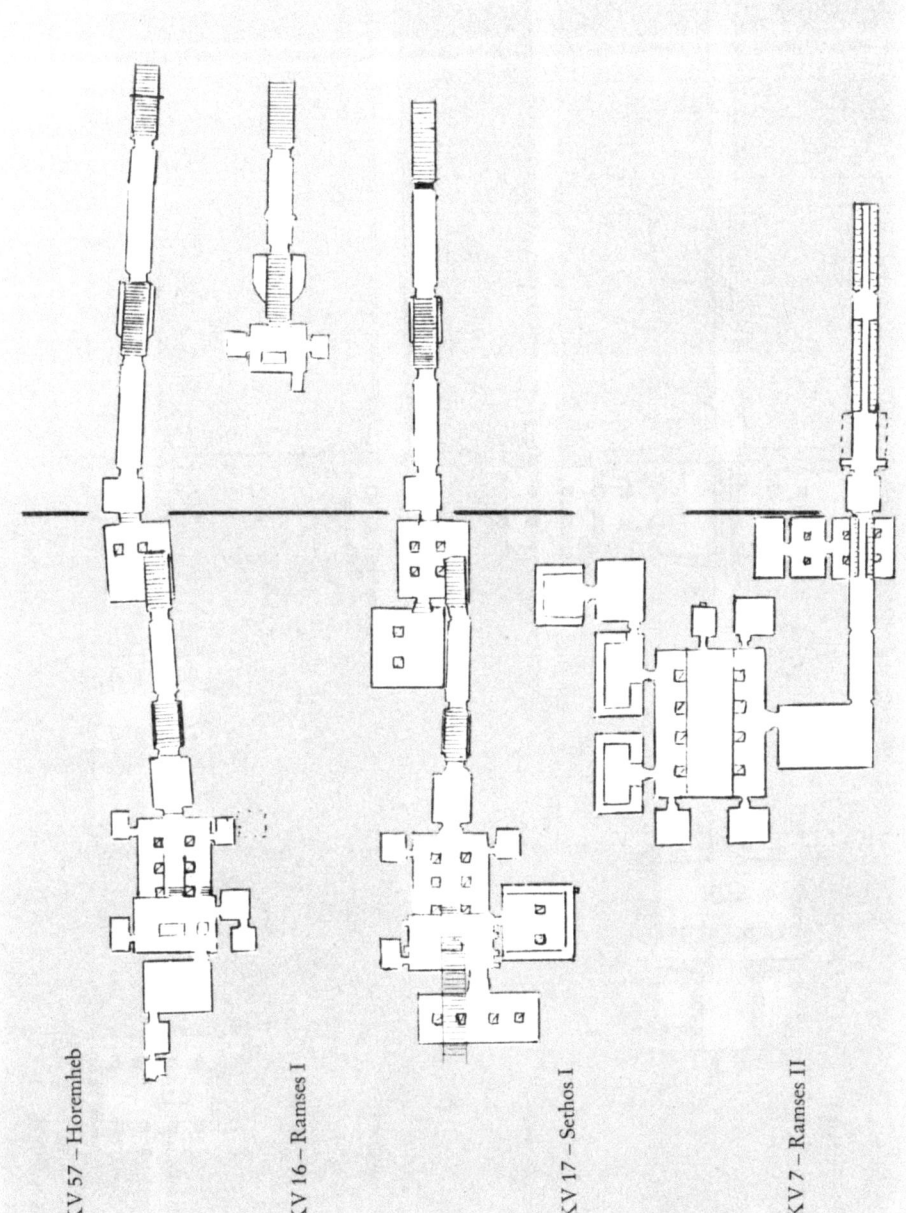

Plan C

KV 57 – Horemheb
KV 16 – Ramses I
KV 17 – Sethos I
KV 7 – Ramses II

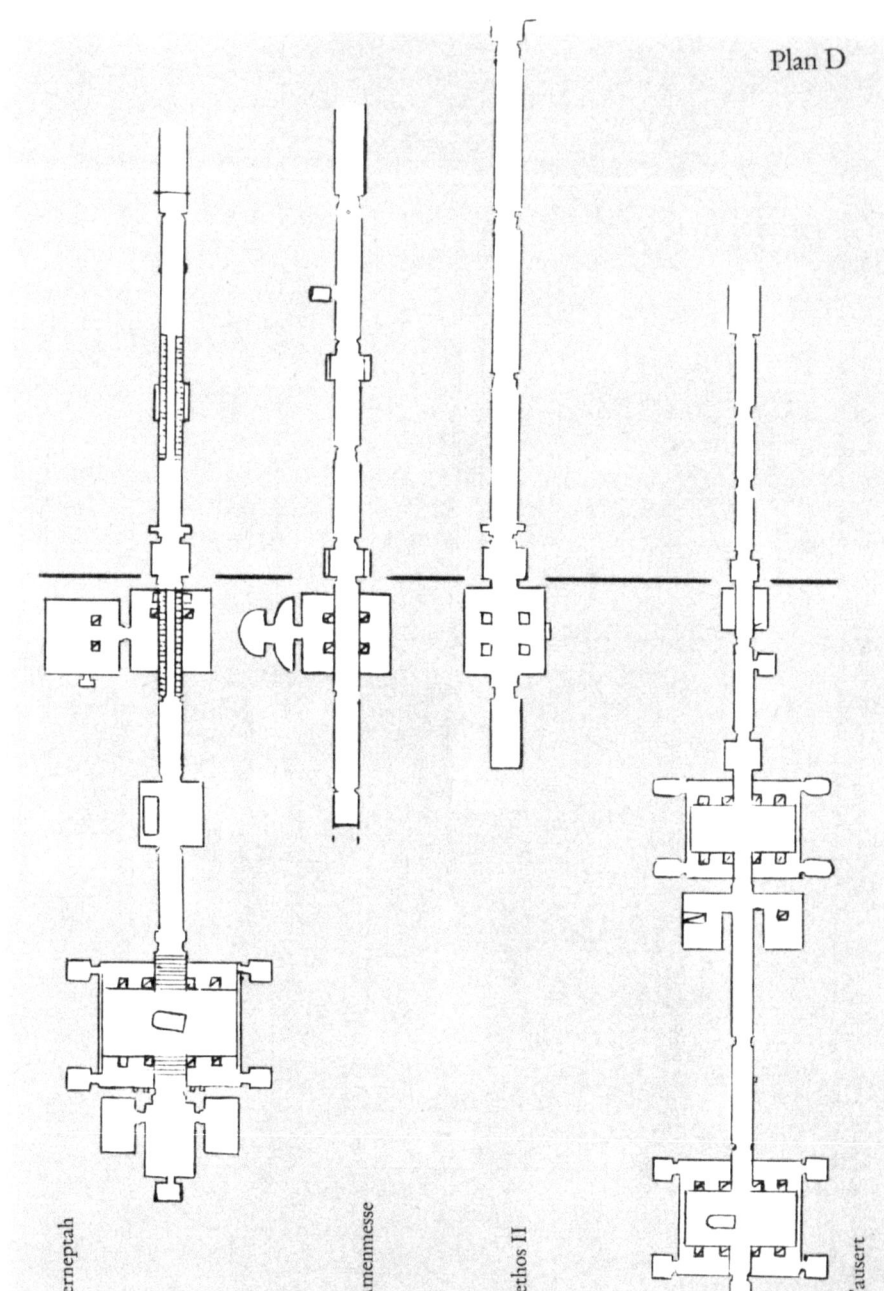

Plan D

KV 8 – Merneptah
KV 10 – Amenmesse
KV 15 – Sethos II
KV 14 – Tausert

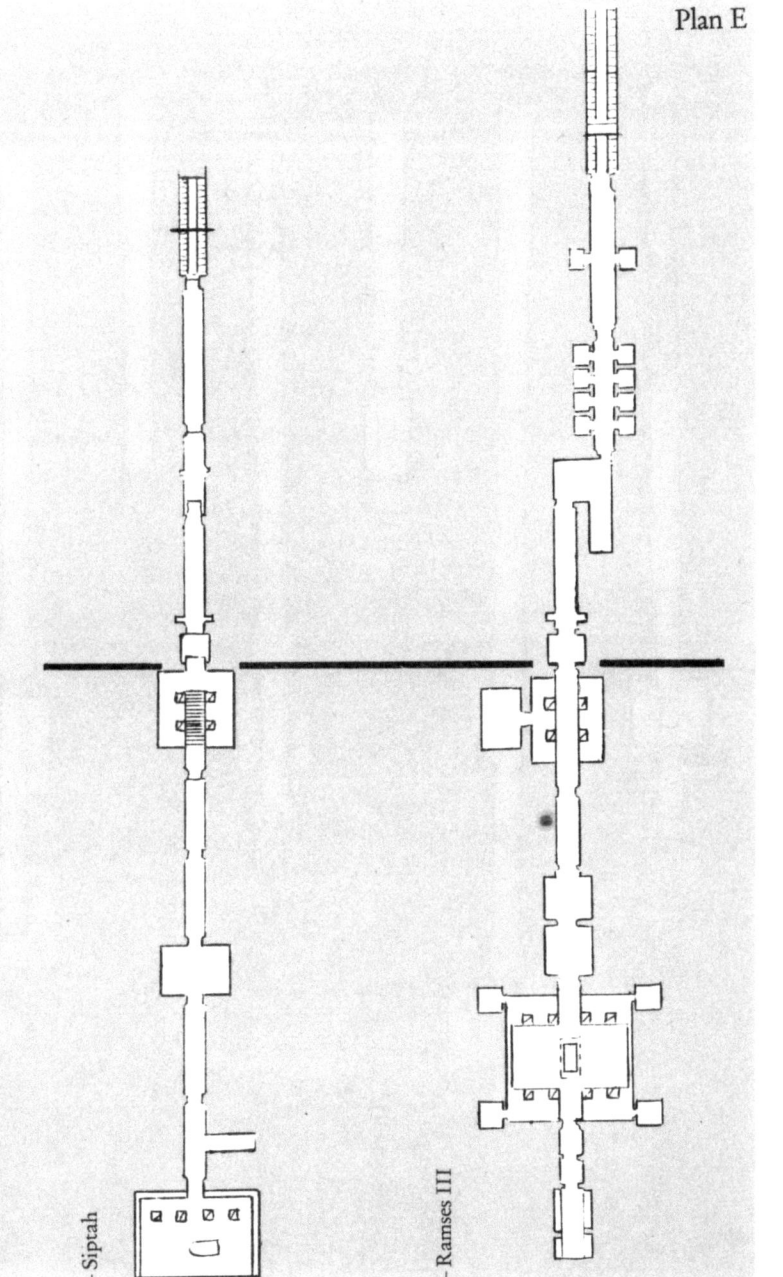

Plan E

KV 47 – Siptah

KV 11 – Ramses III

Plan F

KV 2 – Ramses IV

KV 9 – Ramses VI

KV 1 – Ramses VII

KV 6 – Ramses IX

KV 18 – Ramses X

KV 4 – Ramses XI

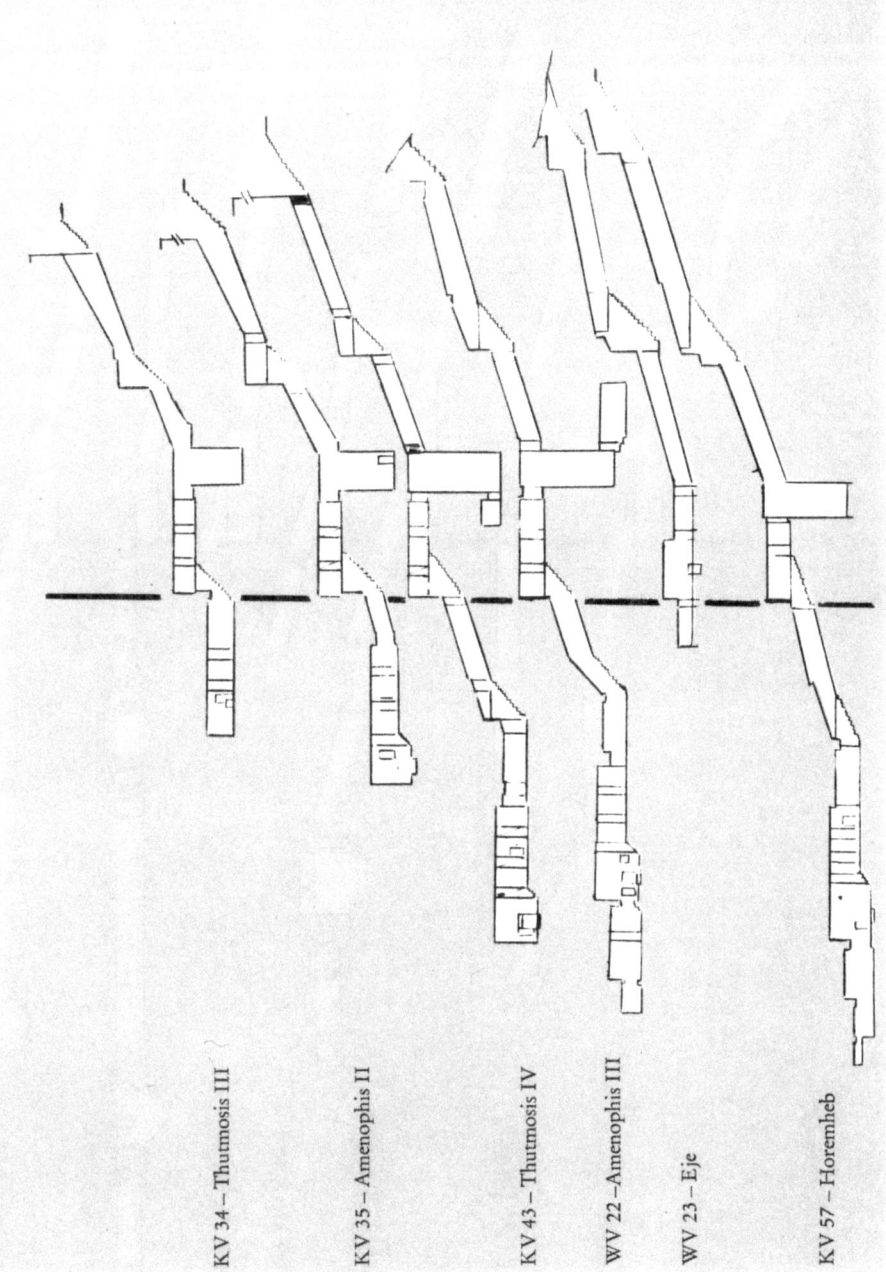

Plan G

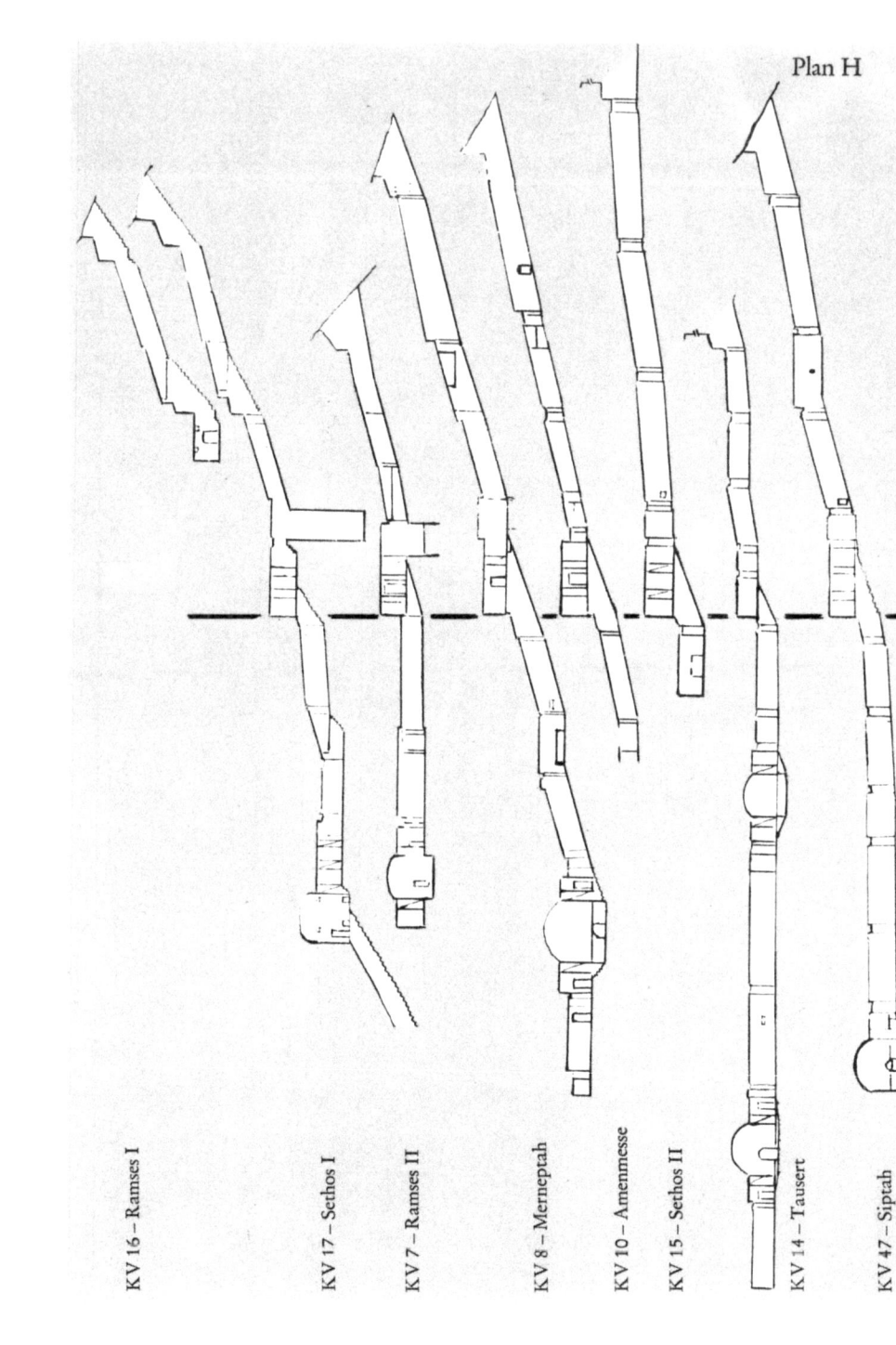

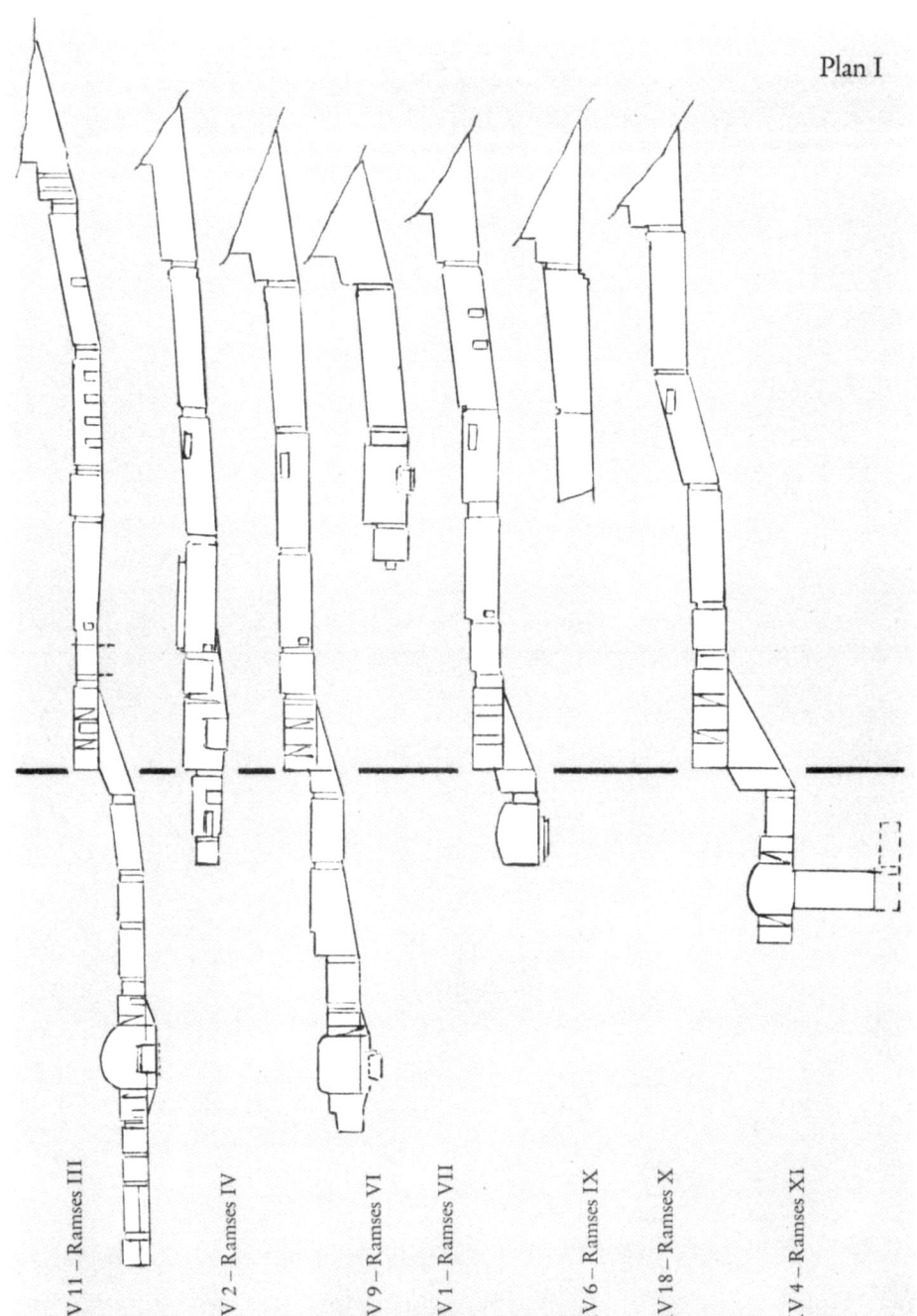

Plan I